让青春走向未来

新时代高校辅导员工作案例选编

RANG QINGCHUN
ZOUXIANG WEILAI

XINSHIDAI GAOXIAO FUDAOYUAN
GONGZUO ANLI XUANBIAN

王冰雪◎编著

江西高校出版社
JIANGXI UNIVERSITIES AND COLLEGES PRESS

图书在版编目（ＣＩＰ）数据

让青春走向未来:新时代高校辅导员工作案例选编/
王冰雪编著.--南昌:江西高校出版社,2024.2
ISBN 978-7-5762-4569-1

Ⅰ.①让… Ⅱ.①王… Ⅲ.①高等学校—辅导
员—工作—案例 Ⅳ.①G645.1

中国国家版本馆 CIP 数据核字(2024)第 020029 号

出 版 发 行	江西高校出版社
社 址	江西省南昌市洪都北大道 96 号
总编室电话	(0791)88504319
销 售 电 话	(0791)88821581
网 址	www.juacp.com
印 刷	南昌市光华印刷有限责任公司
经 销	全国新华书店
开 本	700 mm×1000 mm　1/16
印 张	13.5
字 数	234 千字
版 次	2024 年 2 月第 1 版 2024 年 2 月第 1 次印刷
书 号	ISBN 978-7-5762-4569-1
定 价	36.80 元

赣版权登字-07-2024-126

编 委 会

为深入学习贯彻习近平新时代中国特色社会主义思想,提升高校辅导员在新形势下做好大学生思想政治教育工作的能力,引导高校辅导员发现学生工作的新特点和新问题,促进高校思政工作创新发展,本书主要围绕解决好影响青年学生成长成才的情感与情怀的问题、思想与思维的问题、知识与见识的问题、想法与办法的问题,将征集的辅导员优秀工作案例汇编成册、编辑出版。

习近平总书记在全国高校思想政治工作会议上指出,思想政治工作从根本上说是做人的工作,必须围绕学生、关照学生、服务学生,不断提高学生思想水平、政治觉悟、道德品质、文化素养,让学生成为德才兼备、全面发展的人才。"围绕学生、关照学生、服务学生"始终是辅导员应该坚守的工作准则和长期研究的课题。处于人生"拔节孕穗期"的大学生,最需要精心引导和栽培,高校辅导员作为大学生成长成才的人生导师和健康生活的知心朋友,要导之有道、躬身力行,在学生当中扎下根、俯下身,做好青年学生的知心人、热心人、引路人。

一个好的辅导员工作案例,是一个生动的故事,是一次深度的思考,是一场深入的总结。本书围绕落实立德树人根本任务,从学生的实际成长需要和辅导员日常教育、管理与服务工作的实际出发,结合辅导员九大工作职责进行案例征集,重点征集网络思政教育案例。这些在教育过程中发生的典型性、时代性、前瞻性的事例,既突出反映了新形势下高校辅导员工作中出现的新问题、新情况,总结解决问题的新思路、新方法,又进一步把握了新形势下高校辅导员的工作、思想和心理状态，深刻理解辅导员肩负的历史使命和时代责任。

"上面千条线、下面一根针"，是对一线高校辅导员工作的形象比喻。辅导员要当好"一根针"，穿好"千条线"，做好学生发展和自身成长的"针线活"。本书展现了当代高校辅导员的精神风貌和担当作为，在江西省首批高校辅导员"名师工作室"——王冰雪工作室全体成员的共同努力下，通过引好思想线、成长线、网格线、心理线、生命线、事业线、创新线等生动展示新时代高校辅导员"穿针引线"工作法，旨在为大学生培根铸魂、启智润心，希望能为辅导员队伍专业化、职业化建设提供参考。

编者

2024 年 2 月

目　录

第一篇
引领思想线:润心铸魂

思想是行动的先导,行动是思想的体现。"青少年阶段是人生的'拔节孕穗期',这一时期心智逐渐健全,思维进入最活跃状态,最需要精心引导和栽培",在青年一代成长成才的过程中,引领好、把握住其思想主线,有助于强化青年责任担当意识,规范青年行为。成长的烦恼总是悄然而至,当代青年在挥洒青春、谱写年华之际,易失去己见、随波逐流。辅导员恰恰需要在这关键时刻履行好思想政治教育和价值引领工作的职责,激励青年拒绝"躺平"、勇于突破、停止内耗、振奋精神,更加坚定理想信念,在困难面前敢于冲锋、勇于担责,助力青年在"炼"与"练"的过程中成长成才,把稳思想之舵,勇毅笃行向未来。

以榜样之光引领校园新风尚

王冰雪

　　能够有效传承和创新文化,是高校保持核心竞争力的重要标志,也是其坚持以文化人、以文育人培养人才的迫切要求。以文化人,是文化固有的功能和使命,也是高校思想政治工作的重要路径,在大学生成长成才过程中发挥着不可替代的重要作用。

　　榜样文化育人,是高校开展文化育人工作的一种新的途径。有学者提出,榜样文化是系统总结先进典型的事迹、经验、先进精神和高尚品德而形成的激励人们奋发向上的思想文化,是对榜样的内在价值、外在功能作用的系统总结和提炼而形成的先进文化。大力加强榜样文化建设,能够在潜移默化中更好地发挥育人价值,更好地实现以文化人、以文育人。本案例聚焦某高校榜样文化育人的做法,以增强大学生思想政治教育时效性为目的,探讨如何发挥榜样文化的涵育作用,培养德智体美劳全面发展的社会主义建设者和接班人。

一、案例介绍

　　Y院系专业培养背景面向轨道交通行业领域,因此,Y院系把锤炼铁路人才培养特色作为办学主线,因地因校制宜,深入挖掘詹天佑先生爱国、创新、自力更生、艰苦奋斗的精神品质所蕴含的育人价值,把继承詹天佑精神作为激发学生学习进取动力、提升时代精神的武器,将热爱祖国、发愤图强、艰苦奋斗、勇于创新的优秀品质铸入学生灵魂。把握时代脉搏,以院风、教风、学风建设为重点,注重守护詹天佑精神命脉和挖掘时代价值,广泛开辟学习教育渠道,从"知"上引导、"践"上培养,将继承和弘扬詹天佑精神作为社会主义核心价值观落小落细落实的重要载体。根据时代特点和要求,不断赋予詹天佑精神新的时代内涵和现实表达形式,推动詹天佑榜样文化与校园文化相融相通,以此不断筑牢大学生培育和践行社会主义核心价值观的文化根基,达到了滋养心灵、涵育德行、引领风尚的效果。

二、案例分析处理

　　本案例实践所在地正处詹天佑先生故里,其所孕育出的爱国、创新、自力更生、艰苦奋斗的精神品质,是詹天佑精神形成和发展的重要源头,这恰与案例实践院系本身精神气质相融合、与人才培养定位相融合、与所在地域特色及优秀传统文化相融合。这种具有鲜明特色且贴近学生学习和生活实际的榜样文化,能够更好地激发大学生的情感共鸣。

基于此,本案例选取"中国铁路之父"詹天佑先生为榜样目标人物,充分发挥榜样所具有的价值引导功能和育人效力,以培养德智体美劳全面发展的社会主义建设者和接班人为目标导向,形成一套文化传递机制,打造一批校园文化品牌,建成一体化文化感知载体。既对传统文化进行了创造性转化、创新性发展,又利用榜样文化在校园内营造创先争优的良好氛围,将榜样的力量融入人才培养全过程。

本案例遵循教育规律、思想政治工作规律和学生成长规律,按照一体化、分阶段、有序推进的原则,积极搭建榜样文化传承的载体平台,强化教育引导和实践养成,激励学生把对榜样文化价值的认知转化为日常行为准则。

(一)夯实理论育人基础,形成一套文化传递机制

建立詹天佑先生同名学院,统筹相关力量,从校史、人物、文化三个层面进行研究,解读詹天佑榜样人物蕴含的科学、文化、教育等精神遗产,深入开展詹天佑榜样文化教学资源研究,注重榜样文化与中华优秀传统文化、社会主义先进文化的融通结合,开设"人文经典与文化传承"等特色必修课程,融入詹天佑精神与榜样事迹育人元素,引导学生诵读国学经典,强化学生对詹天佑精神现实价值的理解认识。通过系统学习和实践体验,以厚重的历史文化涵育学生品行,使学生更加坚定理想信念,增强历史使命感和责任感。采取"学院+书院"的培养模式,学院教授专业、书院沁润文化,学院偏重外用、书院偏重内修,培养造就内有根基、外有专长的社会主义建设者和接班人,更加坚定学生为国家经济社会发展和行业科技进步建功立业的志向。

(二)夯实实践育人基础,打造一系列文化传承品牌

注重文化导入,推进詹天佑榜样文化与校园文化有效融合,将社会主义核心价值观融入学生成长成才全过程。通过"天佑讲会""天佑影院""天佑读书会""追寻詹天佑足迹夏令营"等,让学生近距离感受中国铁路发展的脉搏,体悟天佑榜样文化的精神力量,更加坚定扎根铁路一线服务祖国铁路事业发展的决心。注重文化传承,实施"天佑学子培育计划",与詹天佑科学技术发展基金会合作

设立"詹天佑班"，与中国中铁股份有限公司合作设立"中铁国际班"，以传承詹天佑精神为价值引领，充分发挥优秀学生先锋模范作用，带动全校优良学风和校风的养成。注重文化展示，秉承"活动彰显内涵，品牌塑造文化经典"的理念，打造"天佑学子"创先锋、"红色班级"创建、"天佑学子"导学志愿服务等一系列彰显榜样力量的文化活动品牌，组织开展文化精品原创活动，生动再现一代代铁路人追求真理、求学报国的动人故事和价值追求，积淀形成一大批鲜活的育人素材，进一步激活学生为实现中华民族伟大复兴而奋斗的正能量。

（三）夯实环境育人基础，建成一体化文化感知载体

注重文化形象标识构建，将有关的元素全面融入人文景观建设，建成詹天佑先生的雕像、天佑文化长廊等具有榜样文化底蕴的文化群落，完成天佑路、天佑桥等校园建筑景观的命名和文化释义，在学生宿舍内搭建"天佑学子之家"，全面构建以形象标识、校园建筑、校园指引标识等为代表的榜样文化载体，形成学思践悟的浓厚氛围。设立"天佑学子"系列荣誉体系，开展思想品德、学习生活、创新实践、文体艺术等各类评优评先活动，讲好"天佑学子"奋进故事，宣传好学生成长背后的故事，深入挖掘先进典型和感人事迹，不断提振学生精气神，鼓励学生争当各领域排头兵。每年组织开展"追梦·天佑学子成长访谈"社会实践活动，组织学生深入企事业单位、生产一线访谈历届优秀校友，充分发挥优秀校友的"校外导师"作用，帮助学生补齐短板。编著出版《天佑传人》《"天佑学子"成长启示录》等图书作品，收录"天佑学子"及历届优秀校友代表开拓进取、务实创新、感恩奉献、自立自强的成长事迹，向新生免费赠阅，引导学生见贤思齐，传承和弘扬老一辈工程技术人才的先进思想、崇高品德和优良作风，激励学生爱国励志、刻苦学习、感恩奉献。

三、工作思考和建议

学生对思想政治教育的接受程度是高校思想政治工作能否取得良好实效的关键，而文化育人在其中发挥着不可忽视的重要作用。运用榜样文化的育人功能，将榜样教育作为思想政治教育的重要方法，为高校思想政治工作的开展提供了一种新的思路。

本案例选取的榜样人物詹天佑先生是我国近代科学技术先驱、中国首位铁路总工程师，有"中国铁路之父"之称，他把毕生精力和智慧奉献给了中国铁路

事业,伟业彪炳史册。他为中国科技发展和中国铁路事业做出了卓越贡献,他为谋求社会进步、国家富强不惜奋斗终生。詹天佑先生爱国、创新、自力更生、艰苦奋斗的精神品质与中华优秀传统文化一脉相承,与社会主义先进文化交相呼应。继承和弘扬詹天佑精神,对于高校立德树人,激励青年学生刻苦学习、爱国奉献,树立为中华民族伟大复兴而奋斗的崇高理想,立志成为中国特色社会主义合格建设者和可靠接班人,有着重要的现实意义。

"觉醒"正当时，"觉醒"靠先锋

——高校组织育人创新探索与实践

常玉凤　徐鑫宇

《觉醒年代》是一部由中共北京市委宣传部等多部门联合摄制的重大革命历史题材电视剧。其以 1915 年《青年杂志》问世到 1921 年《新青年》成为中国共产党机关刊物为主线，展现了从新文化运动、五四运动到中国共产党成立这段时期波澜壮阔的历史画卷，讲述了觉醒年代的社会风情和百态人生，在网络上掀起了一波又一波的热度。而其中大学生观看人数占比创下新高，这不仅彰显了当代大学生民族感情之浓烈，也体现出大学生对于新型红色教育更具热情。本案例聚焦 H 大学新型红色教育培养经验，探讨如何激发学生爱国热情，培育学生红色理想信念、红色爱国情怀、红色历史使命感、红色责任担当意识。

一、案例介绍

H 大学学生党员教育管理中心（以下称"H 党员先锋"）是在学校党委学工部领导下建立的学生党员队伍。自 2016 年成立以来，不断彰显时代印记、突出学校特色、凝聚党员力量，充分发挥了学生党员先锋模范作用，服务学校、服务班级、服务同学，努力打造一支在"学"上见真功，在"做"上见实效的高素质学生党员队伍，形成了"五红""五微""五+"的"555"特色党建品牌。曾获评 2020 年全省一站式学生社区建设试点、2020 年全国高校优秀网络栏目"精品奖"（全国仅30 个）、2021 年全国高校思想政治工作精品项目，以此为基础选送的 10 个基层党建工作优秀案例，在全省高校评选中获一等奖 3 项、二等奖 2 项、三等奖 2 项。

自 2016 年成立以来，"H 党员先锋"通过线上线下双向联动模式，充分发挥制度、平台和内容优势，推动育人工作持续、长效进行。**一是线上打造学生党员教育"微平台"**。建立由校级学生通讯社牵头，融合校院两级学生工作系统的微信矩阵——"H 党员先锋"融媒体中心，形成新媒体资源合力，实现从创意策划到稿件采编、编辑运营、摄影摄像、视觉设计等一系列的融合共通，打造学生工作舆情监测、产品输出、数据分析、实时报道的大数据平台，充分发挥网络育人作用。**二是线下培育党员志愿服务全体系。**形成校级总站、学院分站、各学生党支部三级联动的格局。学生党员志愿服务与党支部固定活动日紧密结合起来,形成了横向到边、纵向到底的学生党员志愿服务网络体系,党建的触手延伸至每个支部、每个班级、每名党员。推动了党建引领、精准思政、管理服务等在学生工作中的深度融合,提升了学生教育管理质量。

二、案例分析处理

本案例形成的"五红""五微""五+"的"555"特色党建品牌,将党建与学校办学特色、红色育人理念等紧密相连,实现全员、全程、全方位育人,进一步提高学生党员先进性。同时,通过深入挖掘、科学选树、广泛宣传优秀学生党员典型事迹,为促进学生全面发展增添动力。

(一)以"五红"为阶梯,探索红色育人特色路径

结合时代印记和学校办学特色,面向全体学生开展了以"铁路红,家乡红,江西红,青春红,信仰红"为主要内容的"'五红'学党史"系列主题活动,通过组织广大学生乘坐高铁返回家乡开展"红色走读",化身"主播"讲述铁路线上的党史故事,与革命先烈开展"跨越时空的对话"等多种方式,引导广大学生自觉争当红色基因的学习者、践行者、传承者。相关活动被党史学习教育官网、新华社、《中国教育报》等多家媒体报道和刊载。"红色走读"系列活动在全省评比中,收获了优秀作品、优秀团队等重要奖项。

(二)以"五微"为载体,创新理想信念教育形式

深入推进学生党员党史学习教育及"党建+"工作,充分发挥学生党员和党支部积极性和主动性,综合运用抖音、微博、微信公众号等新媒体平台创新开展微党课(每期录制3—5分钟)、微心声(文体不限的学习心得)、微生活(图文并茂展示组织生活)、微故事(宣讲身边优秀共产党员事迹)、微评论(100—300字的小"社论"),推动了学习教育变"一时一地"为"随时随地"。当前,已推送"五微"作品共计5000余条,点击量超过320余万次,参与人数3万余人,实现了党员教育阵地前移、学生党员全员参与。

(三)以"五+"为抓手,打造"三全育人"综合体系

以党建为引领,将思想政治工作贯穿教育教学全过程,实现全员、全程、全方位育人,充分发挥党员的辐射带动作用,体现其先进性。

——以党建+队伍建设，深化组织育人。开创校院两级党员服务模式和带班学生党员队伍，促进学生组织及学生骨干形成自我服务、自我管理、自我教育的内在动力和内生机制，引领全校学生党员充分发挥先锋模范作用。

——以党建+典仪教育，增强爱国意识。在每年开学季和毕业季两个重要节点，着力引导新生扣好大学的"第一粒扣子"、毕业生上好大学"最后一堂课"。如今关于"两季"的系列活动，已成为学校的重要育人平台，被《人民日报》、中新网等众多主流媒体报道。

——以党建+社区服务，转变服务理念。围绕新时代文明实践中心、"三化"平台和党（团）员志愿服务站等阵地，精准对接学生实际需求，扎实推动学生社区建设从管理到服务、从服务到激励的转变。该社区服务点被评选为全省"一站式"学生社区综合管理模式建设试点。

——以党建+校园文化，普及榜样教育。打造"星耀 H"校园形象大使选拔大赛、"闪耀 H"校长奖学金公开答辩、"荣耀 H"优秀学生颁奖典礼等系列校园文化品牌，树立学生榜样，助力学风建设。目前，每场活动线上观看量均超过 20 万人次。

——以党建+宿舍文明，构建管理协同。形成党支部在学生社区楼栋、楼层、宿舍的全覆盖，实现党建思政阵地在楼栋宿舍的延伸。利用学生党员队伍，推动文明寝室创建，营造管理有方、治理到位、风清气正的校园氛围，让楼栋校风更浓、学风更优、舍风更洁。

三、工作思考和建议

（一）注重队伍梯度，突出长效发展

构建全方位培养体系，探索毕业生党员、高年级优秀党员、新党员组成的"雁队式"结构。

第一梯度是新党员的党性教育与人才培养，强化核心价值观教育。通过"五红""五微""五+"等模式，进行核心价值观及传统文化教育等活动，锤炼党性，提升基础能力；通过导师培养、全员培训、志愿服务等，提升业务能力，完成"学历"向"能力"的转化。

第二梯度是将高年级优秀党员选拔至"H 党员先锋"。通过社会实践及学生工作，全面锻炼，提升综合素质；选拔学生党员加入"培育计划"，有针对性地

根据学科特点及专业特长,引导学生党员投身基层一线,成为专业人才及工程一线精英。

第三梯度是根据毕业班党员实际表现和所获成绩,选拔一批政治素质优、学习成绩优、实践技能优和师生评价优的"四优"毕业生党员,参与"三耀"活动,组织开展校园系列主题宣讲,进行朋辈引领及帮扶。

(二)规范管理制度,强调常态运转

——**形成人本化的管理理念**。把学生培育和发展贯穿到学校制度产生再到执行的全过程,树立个性化发展的思想,充分以学生自身的专业建设、发展特色等来作为制度建设的基本原则,顺应学生身心发展的规律,因材施教。

——**构建科学、多元的评估体系**。规范管理考核制度,完善党员先锋选拔办法、管理办法,完善带班学生党员的选拔和考核激励制度,融入定期考核和日常考核,定性考核和定量考核,学生党员自评、教师评价和学生党员干部互评,让学生党员在评价中获得成就感、建立责任感。

——**引入竞争激励机制**。适当引入竞争激励机制,制定一套公平、合理、透明的选拔任用制度,全面考核竞选学生的思想水平、政治理论素质、专业成绩等方面情况。通过赏罚分明的激励措施,保持并提高学生党员队伍的优良素质,有助于学生组织的良性发展。

——**建设文化育人的管理模式**。注重把核心价值观、道德标准、品牌文化、校园文化融为一体。持续推进已有的文化育人品牌,体现围绕中心创项目、围绕学科建品牌、围绕育人做活动的品牌特色。

——**建立咨询、监督、评估一体化架构**。实现管理共享格局,为学生党员搭建起沟通咨询便利、监督完善、评估有效的管理体系,建立线上+线下评估反馈机制和渠道,提升管理效率,对党员教育管理中心管理体系做到合理监督和更新。

(三)聚焦方法创新,致力与时俱进

——**加强系统培训,打造学习型学生组织**。通过系统化、专业化的定期培训,增强学生党员对社会的认识,提供处理问题或解决矛盾的方法、途径,开展以"教育培训+实践锻炼、阶段培训+长期培养、自主学习+组织培养"为主题的多维度培训体系。其学习的内容和形式主要包括政治理论学习、能力训练、交流研讨、社会实践、红色教育、技术培训等。

——加强文化管理,打造服务型学生组织。首先是建立学生自主工作平台,提高学生自我管理、自我服务的能力;其次是扶持服务类分站,如双创分站、学生资助分站等,通过为学生提供各方面的服务,增强学生自我服务的意识;最后是将学生的学习发展作为服务的重点,在学习发展的基础上,促进学生全面发展与个性发展相结合。

——加强队伍管理,打造专业型学生组织。在学生组织管理工作中,除了进一步提高管理师资的学历水平外,还要重点提高学生组织管理人员的实际工作能力。同时,充分利用校外资源,聘请相关领域的专家担任导师协同管理,指导学生组织开展特色活动。

——加强信息化渠道,打造信息型学生组织。从工作角度出发,建立信息化的学生党员培育渠道,完善学生组织微信公众平台建设,增加互动渠道,开设"党员志愿服务"专栏,加入志愿服务、社会实践、双创教育等主题栏目,利用信息化手段延伸工作手臂,增加与学生接触的机会,扩大工作覆盖面。

——建立就业帮扶制度,打造全程型学生组织。着手对学生党员进行专场就业指导,对优秀学生党员进行重点推荐,完成学生干部培养的最后一环,为学生干部毕业后的深造和发展保驾护航。

从"单打独斗"到"协同育人"

——高校专业思政育人的思考与实践

戴晶晶

高校思政育人工作经历了从"思政课程"走向"课程思政"再到"专业思政"的演变与发展。在新时代背景下,构建高校"专业思政"协同育人模式成为开展高校大学生思政教育,确保"三全育人"有效落地的重要举措。2018 年召开的新时代全国高等学校本科教育工作会议强调,加强课程思政、专业思政十分重要,要把它提升到中国特色高等教育制度层面来认识。2020 年教育部印发的《高等学校课程思政建设指导纲要》提出,高校所有教师都负有育人职责,所有课程都具有育人作用,要在所有高校和学科专业中全面推进课程思政建设。开展"专业思政"与"课程思政"耦合育人的探索,成为提升高校思政教育质量的有效途径。

一、案例介绍

某高校是一所理工类院校,在专业课程中显性思政教育内容较少,专业课程知识点蕴含的隐性思政元素还未被深入挖掘,相关专业教师因长期在理工科教育背景下成长,缺乏对思政元素的挖掘以及思政元素与专业知识融合的经验,存在"贴标签""两张皮"的现象,辅导员与专业教师协同育人的主动意识不强,"专业思政"育人体制机制亟待完善。该高校专业思政育人主要面临以下现实困境。

1. 辅导员:日常教育和理论授课靠"单打独斗"。 辅导员在日常管理教育中对学生开展思政教育。从职业角色出发,学校相关部门及专业教师潜意识中认为辅导员才是大学生思政教育的主力军,思政育人更像是辅导员和思政课教师的"单独作战"。

2. 工科专业教师:课程思政中生搬硬套"贴标签"。 工科专业教师更注重课堂教学、知识传授、专业科研等工作,思政育人意识不强,容易忽略对学生价值规范、思想观念及道德情感方面的引导。因长期在理工科专业背景下成长,工科专业教师深入挖掘专业及所授课程中蕴含的思政元素的能力不强,缺乏将思政元素融入专业教育及课程讲授中的经验。在开展"课程思政"实践中,存在将思政元素生搬硬套"贴标签"的现象。

3.资源配置:教育教学和思政育人"两张皮"。在落实全方位、全过程育人中,课程、科研、实践、管理、组织等思政教育资源普遍存在重业务、轻育人的现象,相关教育教学资源与思政育人配合不够紧密,协同效应不强,无法增强育人实效最大化,"专业思政"的育人渠道和平台还有待拓宽。

二、案例分析处理

面对上述问题,本案例结合专业培养特色,教师与辅导员积极探索从"单打独斗"到"协同育人"的思政育人模式,并且不断拓宽"专业思政"的育人平台和路径。通过发挥教学课堂主阵地作用、开展"教授有约"思政品牌、推进创新创业实践育人、携手行业企业协同育人等渠道,真正做到全员参与、全过程介入、全方位覆盖,构建了"火车头""专业思政"协同育人工作机制,打造了"德技双育、专创相融"的育人平台。

一是聚焦政治建设,构建"火车头"控制系统。扎实推进党的组织和党的工作在思政工作上的有效覆盖,专门设立了教工党支部,为支部配备"双带头人"支部书记;在按照专业方向设立学生党支部的基础上,主动探索在社团组织和学生宿舍楼栋中建立党支部,依托学生创新基地设立学生科创党支部,确保"哪里有党员,哪里就有党组织",充分发挥党组织在"专业思政"协同育人上的战斗堡垒作用,发挥党员在思政育人上的先锋模范作用。

二是聚焦全员协同,构建"火车头"牵引系统。辅导员与专业课教师、学业导师协同合作,充分发挥教研室学科方向带头人及教师党支部书记"双带头人"、辅导员思政教育主力军等"专业思政"育人的"头车"牵引作用。辅导员除了负责学生日常教育管理工作外,主动参与到专业课程中思政元素的挖掘、设计和运用中,协助任课教师从态度、方法、知识、价值等多方面培养学生;教师党支部通过设立党员先锋示范岗,开展"戴党徽、亮身份"等活动,带动支部成员充分发挥榜样引领作用;在日常教学中,通过分享学科史、学术训练方法、专业前沿、实时热点问题、鲜活案例等内容培养学生的理智德行,将思政教育融入教育教学中,并主动与辅导员联系沟通,及时了解学生思想动态,既要保证课程好,也要做到育人巧,逐步实现全员育人,而非辅导员"单打独斗"。

三是聚焦全方位协同,构建"火车头"传动系统。通过"教授有约""博士讲党课""上课礼"等活动发挥专业课程思政育人功能。实施"1+1"学业导师制（为每名学生配备 1 位学业导师）、"1+4"科技导师制（由 1 位教师指导 1—4 名学生开展学术科技活动），建立学生创新基地、师生科技协会。与多家企业建立合作，组织学生实地参观、岗位见习。聘请一批杰出校友作为学生创新创业教育的校外指导老师。

采取的重点举措及成效如下。

（一）以党史学习教育为契机，抓实理想信念教育

辅导员和专业教师将地方和专业发展有关的红色故事、红色文化等融入党课、宣讲、专业课程中，为师生提供美味"思政大餐"。比如，带头参加"百名博士讲党课"活动并录制微视频，充分聚焦百年党史中的红色故事，突出本土红色文化，与地方共同打造爱国教育基地，着力开展动起来、活起来、实起来的"红色走读"活动。

（二）服务社会发展，推动科技成果转化

任课教师敏锐捕捉国家大行业、地方大产业发展走向，重点围绕学科新兴领域开展研究，积极承担国家级、省级科研项目。教师党支部书记带头对接，与省内经济社会发展需求动态契合，联动学科专业人才构建校企共建模式。

（三）打造思政育人品牌，发挥全员育人合力

开展"教授有约"系列活动，辅导员邀请专业教师走下讲台、走进宿舍，面对面与学生交流座谈，做学生学业规划的解惑者、职业生涯的引导者、心灵的摆渡者。

（四）推进创新实践育人，落实立德树人根本任务

打造双创基地，专业教师积极主动合作建立学生创新基地、师生科技协会，吸纳 1000 余学生加入，为学生配备双创导师，实施"1+1"学业导师制、"1+4"科技导师制。学生创新基地获评全省"龚全珍式向上向善好集体"，师生科技协会获评全国百强社团。该基地近年来指导 400 余名学生获得省部级及以上科创竞赛奖项，其中包括"互联网+"全国银奖、"挑战杯"全国二等奖。同时，还培养了"中国大学生自强之星标兵"、"中国青少年科技创新奖"获得者、"中国大学生自强之星"等一批"国字号"优秀学生典型。

三、工作思考和建议

(一)"专业思政"是"大思政"格局下落实立德树人根本任务的现实需求

大学生思政教育不仅仅是辅导员和思政课教师的任务，"课程思政"也不只是专业教师在课堂教学时给思政元素"贴标签"。高校只有根据专业培养特色，将思政育人与专业教育教学有机结合，将立德树人理念融入学生日常教育、管理服务、课程教学、专业教育的各个环节与过程中，在专业教育教学方案设计中对思政育人的目标、内容、资源、平台和路径进行顶层设计，才能进一步深化"三全育人"的实效。在新时代"大思政"格局下，积极探索构建"专业思政"育人体系，是创新思政教育方法的重要环节，也是全面落实思政教育的有效途径。

(二)协同育人是"三全育人"背景下提高人才培养质量的有效途径

辅导员日常教育和专业课程思政建设工作往往各自为政，使得思政教育工作像是一座"孤岛"，很难真正形成育人合力。如果辅导员和专业教师加强协同意识，加强有效沟通，利用各类教育教学资源构建"专业思政"协同育人模式，充分发挥日常教育管理的辅导员、为人师表的专业教师、精致有趣的思政内容、善学善思的教育环境、知行合一的实践教学等元素的合力，既能实现育才与育人的密切结合，又能实现立德与树人的有机统一。

"五微一体"，让主题教育零距离

常玉凤　李美霞

近年来,各高校围绕立德树人根本任务,统筹谋划,多措并举,积极开展线上线下联动的学生党员教育实践模式,探索出了很多宝贵经验。本案例聚焦某大学"五微一体"的教育实践经验,探讨如何将学生党建工作与主题教育充分结合,实现学生党建的阵地前移和主题教育的全员参与,让主题教育更加深入人心。

一、案例介绍

"五微一体"指的是微党课、微生活、微评论、微心声和微故事。学校"五微"学生党员学习教育始于 2016 年 5 月,是以校院两级学团组织的微信公众号、微博等微媒体平台为依托,全校学工干部、学生党员参与的学习教育活动。以"五微"为载体,先后推动"两学一做"学习教育、"不忘初心、牢记使命"主题教育、党史学习教育、习近平新时代中国特色社会主义思想主题教育入脑入心,走深走实。通过创新学习教育形式,把"处方权"交给基层党支部和党员,让更多的基层组织和党员做好"小郎中",开好党员工作的"小处方"。

二、案例分析处理

主题教育离不开理论学习,理论学习是淬炼思想之本。学生党员的理论学习容易"务虚",学习方式单一,习惯于读书、看报、阅文件,拘于传统方式,缺少互动、交流、沟通,导致理论学习缺少趣味性和吸引力。随着"互联网+"与经济社会的广泛交融,学习载体日益丰富、学习内容日趋多元、学习课堂日益多样、学习平台日渐广泛,借助互联网破解理论学习难题,能够充分调动大学生理论学习的积极性和主动性,增强教育效果。

(一)以课程建设为重点,让教育举措"实"起来

优化主题教育课程体系建设,让主题教育学习过程有形化。推出主题教育微党课,遴选出 100 堂精品微党课,制作主题教育百堂微党课课表,由各党支部书记、支部委员担任主讲人。全校学生党员可自行选择感兴趣的课程,每完成一次课时学习,由学工部工作人员在支部党员的课程卡上盖章,通过这种方式将课时统一量化,扎实完成每名党员学习不少于 32 课时的工作要求。

（二）以阵地建设为平台，让教育氛围"浓"起来

瞄准基层党支部在党员活动场地资源不足，支部活动不够标准化、规范化、信息化等问题，实施基层党建"三基三十三百"创建工程，按照标准化、规范化、信息化建设要求搭建全校性学生党员活动中心。该平台集规范化的入党宣誓墙、政治理论阅览室、党支部活动室、党员会议室、党员志愿服务中心、融媒体中心等于一体，各党支部可在平台内开展内容丰富、形式多样的组织生活。功能化的平台使许多党支部积极参与进来，沉浸式的育人环境使得教育氛围愈加浓厚，极大地调动了师生党员参与活动的积极性，促进了各类学习教育活动的开展，效果显著。

（三）以"五微一体"为布局，让教育成果"晒"起来

推进主题教育信息化建设，以"五微一体"为布局，让广大党员通过线上线下平台"晒"出学习成果，提高他们的参与度和积极性。目前，师生创作、发布的"五微"作品达到千余篇，点击量过百万次，参与人数万余人。相关情况获权威媒体报道，"五微"作品多次获得各类奖项，在全省评选中也收获颇丰。

（四）以党建品牌为抓手，让教育形式"活"起来

进一步增强主题教育在学生中的影响力，以学生党建品牌为抓手，以青年学生喜闻乐见的形式开展了丰富的文艺活动。在新生"开学第一课"上，组织"歌唱祖国"青春快闪活动，组织学生们以乐器演奏、舞蹈、演唱等多种形式演绎《歌唱祖国》，让5000余名新生在活动中进一步增强家国情怀。

（五）以学生党员为主力，让教育课堂"讲"起来

打造主题教育"翻转课堂"，让学生党员成为主题教育的主讲人、主力军，成立"青春告白祖国"大学生宣讲团，从学生党员、带班学生党员、校长奖学金等专项奖学金获得者、国旗护卫队成员、校院两级学生组织骨干等优秀学生中遴选出30余名学生，在全校范围内开展了20余场主题教育宣讲活动。他们从情景演绎到互动访谈、家书朗诵，从爱国故事、实践经验分享到红色家书学习等，覆盖到全体学生班级、学生党支部，让主题教育走进万名大学生。

三、工作思考和建议

在主题教育过程中，应以立德树人为导向，充分发挥各平台的作用，将主题教育的"处方权"下放，调动一切积极因素，整合优势资源，统筹协作，全方位联动，努力让教育举措"实"起来，让教育氛围"浓"起来，让教育形式"活"起来，让教育成果"晒"起来，让教育课堂"讲"起来，切实提高思政教育实效。

远离精神内耗，停止胡思乱想

——论《回村三天，二舅治好了我的精神内耗》价值引导

刘一南　杨昆霖

　　《回村三天，二舅治好了我的精神内耗》视频在网上的热传，同时也在大学生群体中引发了热议。视频里二舅的故事仿佛是发生在中国乡村的《阿甘正传》。山村里的少年，"生不逢时的奇才"，本可以有精彩的一生，命运却跟他开了个玩笑。由于医疗事故，二舅变成了"断腿的卧龙先生"，成了山村里的残疾木匠。他的人生温暖又坚强，虽然命运对他不公，生活对他不公，但是他没有选择放弃，没有怨恨生活，他孝顺母亲、关心妹妹、爱护女儿，是一个好儿子、一个好哥哥、一个好父亲。他是一位普通人，同时他也是一位在生活中真正的强者，他说自己从未感到过遗憾。二舅用一生打好了命运强塞给他的一手"烂牌"，成为村子里"第二快乐的人"。

　　当然，每个人都会遇到困难，看完视频感动之余，大学生们把二舅的这种经历，投射到了考研失利、身材焦虑、工作拖延、感情受挫上面。大学生处在人生路的转角，四年大学生活中，大部分学生常为自己的过往感到遗憾，有些不愿直面挑战，不愿奋斗。而人生最大的遗憾就是遗憾过去的遗憾，我们应当做生活的强者，有哪吒般"我命由我不由天"的不服输精神。不要无病呻吟，放大负面情绪；不要自怨自艾，蹉跎光阴。花开蝶自来，只有自己强大了，才能吸引更多优秀的人。

一、案例介绍

　　2022年9月22日，正在读研一的大春（化名）来找我谈心，他鼓足勇气向我倾诉："她怎么又没回我的信息？是不是我哪里做得不够好？"原来是大春一直喜欢的女生，又让他胡思乱想了。

　　大春的情况就是典型的精神内耗。在交谈中，我了解到，自从入校以来，他不止一次失眠，而他失眠的原因包括：朋友的一句"我明天没时间出来，还有事情"；打游戏时，舍友没有叫他一起，总以为别人觉得他很"菜"；上课老师提问时

不敢举手回答，生怕答错，让班里人笑话；严重的自我怀疑，别人交代的事情，觉得自己很难办好；总觉得白天跟同学说的话不妥当，为此想一整天；给自己列完一堆任务，一直拖延，心里还一直想着。这一切的根源都是精神内耗。

在日常生活中，一个常常有这样想法的人，定会在夜深人静的时候，胡思乱想，陷入反复的自我消耗。因为他总会压抑自己的内心想法去成全别人，消耗自己的感情，不断地猜测对方的想法，用别人对自己的评价来定位自己，这就是所谓的"精神内耗"，也是对自己人生的辜负。

二、案例分析处理

案例中的大春，没有做到及时调整心态，在日常生活中的胡思乱想已经让他产生焦虑，陷入了反刍思维（反刍思维是指个体反复关注自身消极情绪及相应事件的思维方式）。

探究该现象的原因，**一是对言语的过度解读**，经常思考别人说话的言外之意，当然这是没问题的，同理心、共情能力很重要，但是过分解读让他产生了焦虑；**二是不禁回忆过去发生的事情**，躺在床上经常思考自己说过的话、做过的事是否合理，有复盘的习惯自然是好的，但也要有"翻篇"的能力，不能让生活永远停留在遗憾这个章节,否则只会让自己徒增焦虑;**三是过度在意别人的眼光**,总是为了一点小事纠结一整天,一到晚上就翻来覆去睡不着,睡醒也觉得疲惫;**四是习惯性拖延**,把计划写在纸上很容易,但实施计划不易,总是用多余的精力去做其他无关紧要的事情,因为拖拖拉拉,目标计划反而变成了负担,这也是一种精神消耗。

本案例解决的思路要把握三个方向,其一是调节大春的负面情绪,让其学会认识自己、接纳自己,正视自己的缺点,发现并欣赏自己的优点;其二就是让大春合理审视自己,找准自己的定位;其三就是用激励大春的行动,降低心理预期,合理分解目标。把握住以上三个方向,综合运用"讲起来、忙起来、动起来、读起来"四步法,使其远离精神内耗,停止胡思乱想。具体如下。

(一)讲起来——敞开心扉,适量打开自己

开展"想把我讲给你听"活动,鼓励学生对身边的朋友倾诉,不要压抑自己的负面情绪,要懂得合理释放压力,把自己内在的情绪释放和外化,不要压抑在心中。

写"送给自己的一封信",鼓励学生对自己说,承认自己人生的挫折,直面痛苦,懂得去认识自己、接纳自己,发挥优点、正视缺点,放松心情,不要活在别人的评价中。

(二)忙起来——停止"三思","二思"而后行

建立"二思即行"小组,因人而异,协助学生制订适宜的计划和目标,降低心理预期,分解目标,并监督其完成。以此帮助学生放弃脑海中摇摆不定的想法,扔掉那些犹豫不决的计划,停止"三思","二思"即行,果断尝试。每次完成一个小目标,让其有更大的热情去迎接接下来的挑战。

(三)动起来——坚持运动,健康生活每一天

定期组织开展素质拓展活动,激发学生的个人潜能和主观能动性,培养学生团队意识,最大程度地消除焦虑情绪,培养学生的乐观心态和坚强意志,提高学生之间沟通与交流的主动性。

组织开展"30 天目标打卡"活动,每天设置不同时间、不同形式的运动项目,坚持锻炼,并分享一些适合运动的音乐。当学生有一个健康有力的身体,他的精神面貌也会有所改变,健康自律的习惯会让一切美好悄然而至。

（四）读起来——坚持读书，让注意力专注于此刻

成立"读书会"，建立微信群，每周在群里分享文章和书单，鼓励大家做读书笔记，并分享读后感想。经常陷入精神内耗的人，很明显的特征就是想得太多，干得太少。沉下心来去阅读，会发现一切问题都会迎刃而解。如果静不下心去阅读，也可以选择去听书，把所有的注意力都凝聚在当下能做的一件事上，让学生发现有些事情并不像自己想象中的那么困难。

三、工作思考和建议

（一）远离精神内耗，培养积极成长思维

远离自己的精神内耗，应引导学生始终保持活力，学会坚强，不论遭遇怎样的困难与挫折，总会有办法解决，要有一往无前的信心。就如同视频里的二舅那样，当人生处在低谷之时不要轻言放弃，坚持做自己想做的事情，坚信自己走的每一步都是在朝着更高的方向前进。鼓励学生"排除万难去争取胜利"，做自己心中熠熠发光的"六边形战士"。

（二）学会课题分离，懂得断舍离

不要因为别人都在交卷，自己就乱写答案。应引导学生勇敢做自己，懂得跟父母课题分离，跟老师课题分离，跟同学课题分离，跟伴侣课题分离。拒绝使自己精神内耗的人，具有消极思维的人总是在抱怨时运不济、命运不公，从来不会去审视自己、接纳自己，他们只是羡慕"别人手中的好牌"，却不懂得如何"打好自己手中的牌"。鼓励学生远离那些不值得消耗精神的因素，不要让消极的人和事阻碍自己前进的脚步。

（三）注重循序渐进，降低心理预期

停止苛求自己，不要过分追求完美，学会做一个目的主义者。目标是前进路上的方向标，是激发潜力的关键，但是，欲速则不达。如果青年学生们给目标设定的要求越来越高、期限越来越短，结果却不尽如人意，就会逐渐开始自我怀疑，逐渐丧失信心。应引导学生制订合理的目标，不要因目标过高无法实现而满心自责与抱怨，进而产生无谓的焦虑。

"躺平"不可取，"蹚平"正当时

常玉凤 樊翔

"躺平"一词原本出于某网友自述两年没有工作一直在玩，有钱时在出租屋"躺"，没钱的时候在横店做群演继续"躺"，并表示人生就是换个方式不停"躺"。"躺平"原本只是网友的个人想法，但却直击了当今社会很多年轻人的痛点，也让越来越多的人对"躺平"表示认同，认为竞争太辛苦，他们都只想简单生活，没有梦想、没有干劲，不谈理想，也不谈改变。

当前，在大学生群体中"躺平"现象的出现，映射出"眼前的苟且"与"诗意的远方"在个人头脑中的短暂交锋。本案例展现了大学生在"躺平"心态影响下，出现学习落后、人际交往不畅等心理及行为异常问题的解决过程。

一、案例介绍

2022 年 3 月 28 日，正在读大二的王刚（化名）在个人社交平台上发布了一条新的内容："现在的人生对我而言太无趣了，我只想'躺平'，真希望全世界都别来打扰我。"

我在看到这条动态后，立即与王刚联系，但是王刚并没有接电话。随后我立即拨打了他室友的电话，了解他在寝室的情况。室友表示，王刚目前在寝室，但自他来学校之后，每天大部分时间躺在床上，课也不上，饭也不去食堂吃，经常点外卖，约他打球也不去，每天就是看手机，个人卫生状况极差。室友已经多次提出意见，但是他依旧我行我素，这让室友很无奈。于是，我第二日前往王刚寝室进行察访，与王刚进行面对面沟通，发现原来都是"躺平"惹的祸。

经过与王刚谈心谈话，王刚逐渐在我面前打开了心扉。王刚由于家境优渥，从小不愁吃穿，人也十分聪明，学习成绩在班上一直都是名列前茅。但是在进入大学之后，无论是学习方面，还是恋爱交往方面，王刚总是屡屡受挫，他感觉无论怎么努力都赶不上其他同学，于是慢慢"摆烂"，直至"躺平"。

二、案例分析处理

案例中的王刚,在自身的成长经历中一直属于"上位者",在进入大学之后,没有及时调整自己的心态,自信心受到重创,在现实生活中没有找到排解的方法,导致开始远离人群,沉浸在自己的世界里。家庭经济的富足已够支撑他不用努力也能安稳度日,特别是在疫情期间,线下社交活动减少,导致"躺平"行为愈发严重。

探究该种现象的原因,**一是学生心理落差大,**心态没有调整好,很多过去的高中"学霸""学神"到了大学之后,发现自己成了同龄人中的普通人。这样的心理落差容易让过去大方自信的学生变得畏畏缩缩,害怕人群,从而将自己封闭在"蚕茧"之中。**二是主动竞争意识弱,**在大学之前的学习阶段,"灌输式""被动式"教育是学生习惯的教育模式,机会多由学校或老师直接推选或给予。但进入大学后,与自己实力相当的同龄人较多,竞争激烈,发展的机会需要靠自己主动争取。这时如果还保持"佛系"状态,就无法及时得到精神上的满足,甚至受到打击,产生"躺平"心态。

本案例的解决思路要把握两个方向,其一,把握好矛盾轻重缓急的基本要素,先解决王刚的心理问题和学业问题;其二,将解决个人问题和群体问题相结合,从拒绝个体"躺平"到鼓励集体"蹚平"。在这个原则下,综合运用"加、减、乘、除"四步法,从解决个人"躺平"变为集体"蹚平"。具体如下:

（一）一对一，做问题"减法"，解决首要矛盾

善于运用谈心谈话这个基本功，摸清学生的现状，听取学生的心声。在本案例中，学生从过去众星捧月到忽然之间的默默无闻，导致自信心惨遭打击，进而严重影响学业及社交。可创造一个轻松愉悦的氛围，选择能与学生拉近距离的场所进行谈心，由古至今，由远及近，利用历史的实证，讲述中国自古以来的精神文化中，有修身齐家治国平天下，却唯独没有躺平的人物和事例。同时利用自己的亲身经历来告知学生，躺得了初一，就能躺得过十五。躺平是一种惰性，表现就是眼里无光、四肢麻木、思想固化。谁不想活出青春的精彩，获得人生成功呢？通过对话和实例，让其逐步认识到自己首先要动起来，心动、身动，慢慢积累，量变引发质变，慢慢找到自己在大学里的价值。同时充分发动学生干部、室友等朋辈力量，关心其学习生活，助其重拾信心。解决思想问题与实际问题相结合，为王刚制订学习计划，帮助王刚跟上教学进度，摆脱补考危机。

（二）一对多，做思想"加法"，发挥主观能动

建立"蹚平"不"躺平"的学生互助小组，邀请王刚作为主理人，负责策划、开展相关活动，采用线上线下相结合的方式，帮助更多"躺平"的同学参与其中，和王刚一起主动了解和接受正能量信息，感受到自己被需要的快乐。同时也利用新媒体、新技术穿越时间、空间，和大家一起打气加油，相互学习、丰富见识和情感，进一步拓宽社交圈，避免故步自封。

（三）多对多，做引领"乘法"，发挥朋辈影响

组织有过往"躺平"经历的学长学姐开展交流会，讲诉他们从"躺平"变"蹚平"的心路历程，引导目前处于"躺平"状态的学生走出第一步，发挥青年学生的主场建设感，以小团队辐射大集体，帮助学生树立正确的世界观、人生观、价值观。

（四）多对一，做育人"除法"，回归一条主线

学期末，组建优秀学生宣讲团，遴选校长奖学金获得者、自强之星、年度人物等优秀学生典型加入。于次学期深入各个班级团支部，为每一位学生开展一次宣讲分享，通过讲述个人成长经历，分享党和国家的奋斗史，结合"躺平"和"蹚平"两个关键词，引导学生树立个人理想，同时把个人理想与党和国家的事业结合起来，把报效祖国作为最大追求，把为人民服务作为最大责任，把奉献社会作为最大价值，积极努力成为中国特色社会主义的合格建设者和可靠接班人。

三、工作思考和建议

(一)尊重内在需求,变堵为疏因势利导

人在塑造自我的过程里,其实有很多次自我推翻、自我更新,这是一个不算美妙,甚至是痛苦的过程。在这个阶段,作为辅导员,如果只是一味地批评,不仅不会让学生从"躺平"里走出来,反而会引起学生的反感和对抗,甚至做出一些不理性的行为,辅导员要做的不是"堵",而是"疏"与"导"。"疏"是尊重理解学生的感受,帮助他化解心里的痛苦,使其内心得到安定。"石以砥焉,化钝为利",在学生成长过程中,需要辅导员进行引导,而这个"导"就是鼓励学生走出寝室,了解学校多彩的生活,指引学生找到努力的方向,自觉将爱国情、强国志、报国行融入实现中华民族伟大复兴的奋斗之中,努力"蹚平"一切困难。

(二)注重心理教育,把握学生成长规律

青年大学生正处于"拔节孕穗期"这一关键阶段,每一个细小的心理问题都可能导致学生在成长过程中出现"拔不了个""孕不了穗"的情况。把握好学生的成长规律,在关键时期多了解、多关心,有利于提前发现问题、干预问题。同时,大力开设心理教育课程,教学生如何发现自己是否患有心理"感冒",如何处理心理"感冒",帮助学生自检自愈,更好地构建理性平和的校园环境。

以数学建模竞赛为载体，构建研究生
思想政治教育实践育人新模式

张文明　舒　悦

一、案例介绍

数学建模是一个从实际到理论，理论再转化为实际的过程，将生活中的实际问题转化为数学问题，再通过建模的方式运用所学知识去构建模型，以解决现实实际问题，在这建模过程中就蕴含着极为丰富的思想政治元素。学校充分调动各方力量参与到思想政治教育任务中，通过科研实践育人模式、系统科研训练方式，邀请经验丰富的数学建模老师和学生组成教练组，对参赛研究生进行常态化的专业培训，以人为本、因材施教，将思想政治融入数学建模培训中，着力培养学生严谨的科学思维，团结协作、吃苦耐劳精神以及敢于突破、攻坚克难的创新能力，用自身所学服务社会的能力。一方面，数学建模有助于提升学生关于数学知识、专业理论的应用能力；另一方面，它又能将思想政治教育润物细无声地贯穿到育人全过程，努力实现科研育人与立德树人的完美统一，增强研究生创新实践能力，助推研究生内涵发展，培养造就德才兼备的高层次人才。

二、案例分析处理

以数学建模竞赛为载体，将思想政治教育融入数学建模培训中，通过一支队伍、一套机制、一种精神、一种模式构建研究生思想政治教育实践育人新模式，打造了求真务实、团结协作、敢于创新的数学建模竞赛文化，形成了省内具有极强影响力的研究生数学建模特色品牌：一是组建一支由各有专长、学科互补、经验丰富的教师、获奖学生构成的数学建模教练队伍，为实践育人打下基础；二是建立长期宣传动员、学习培训、制度考核等一套机制，充分发挥思想政治引领作用，全面提升研究生参赛积极性，帮助研究生取得更好成绩，涵育家国情怀与自身价值；三是通过开展形式多样、内容丰富的数学建模培训、经验分享、理论与实践宣讲等形式，将学生专业知识培养与思想理论、价值引导相结合，通过隐性教育的方式，将培养研究生形成正确的世界观、人生观、价值观的效果趋向最大化，营造良好的数学建模竞赛文化；四是构建"走出去""引进来"模式，发挥榜样典型引领激励作用，主动或应邀在其他学校进行经验分享交流，同时邀请校外优秀获奖学生、指导老师给校内研究生进行经验分享，重视学生能力培养和实践引导的同时，培养研究生的科学思维、创新意识、团队精神及社会责任感。

（一）一支队伍——组建优秀数学建模教练组，积极发挥指导作用

经过十几年的培育，学校已形成专长各异、具有较强责任感的教练团队。到目前为止，教练团队共有教师18人，其中高级教师15位，占比83%，分别来自不同学科专业，涵盖应用数学、统计学、信息安全、计算机应用、大数据与人工智能等方向。同时吸纳众多在数学建模竞赛中屡获殊荣、成绩优异、经验丰富的参赛学生，共同组建数学建模教练团队。在研究生数学建模竞赛中，教研组为研究生同学开展专题讲座、解题析题、指导参赛，帮助研究生实现从入门到熟练的蜕变，为每次参赛打下坚实基础。

（二）一次动员——加大宣传动员力度，提升参赛队伍规模与质量

在竞赛报名前开展广泛的宣传动员，挖掘对数学具有浓厚兴趣、勇于创新的同学主动参与到数学建模竞赛和其他创新竞赛中，扩大参赛队伍规模；鼓励学生积极探索、敢于创新、奋勇向前、合作共赢，学会运用专业理论知识解决实际问题，培养社会责任感、家国情怀与自我荣誉感。同时，针对参赛队伍组织开展为期3个月的学习与培训，提升参赛作品质量水平。自2005年开始，学校由最初的教师自发组织、研究生自愿参与的十几支队伍，逐渐发展成为目前的几百支队伍。

（三）一场培训——建立"传帮带"导师学长制模式，全面加强学习培训效能

研究生数学建模竞赛团队采用以"传帮带"为主的导师学长制学习与培训模式。教练团队负责通过关注重点攻关领域等把握训练方向；有经验的老队员负责协助新队员快速适应学习环境，并在训练与学习上提供帮助，依托校研究生会开展更多线上线下培训，加强参赛选手与教练组指导教师的交流。教练们从传统教学的主角转变为教学活动的组织者、监督者、学习辅导者，学生由传统的被动学习转变为主动学习和探索。在良好的"传帮带"过程中，营造积极思考、团结合作、代代相传的精神。

（四）一套机制——充分发挥思想政治教育作用，完善多维度考核激励制度

以人为本，因材施教，在各院系建立各具特色的考核激励制度，将数学建模

竞赛参与和获奖作为学生评优评先的条件之一,充分鼓励学生参与。同时,精心设计考核内容和考核环节,建立多维度考核体系,将对竞赛精神文化宣传、营造、传承等软性指标纳入考核,充分调动学生的学习热情和积极性,培养发现问题、分析问题和解决问题的能力,逐步提升团队凝聚力,培养学生将小我与社会大我相连,在学习中学会交往、学会分享、学会合作、学会为人处世。

（五）一种精神——培养服务社会大格局价值观,营造良好数学建模竞赛文化

数学建模的过程不仅需要将现实问题转化为数学问题,还需要学生能够主动将知识正确输出,并合理应用解决实际问题。通过制度建设、宣传展示、培训交流、榜样激励等方式,提升数学建模竞赛参与的重视程度和参赛质量,深挖思想政治元素。在数学建模的过程中,解题的过程并不是一蹴而就的,需要团队一起团结协作、攻克难关、开拓创新,共同解开问题的答案并构建模型。而这一过程恰恰能够很好地促使学生运用科学思维解决实际问题,培养不屈不挠、敢于创新、积极向上,以小我之力服务社会的大格局价值观,在研究生中营造浓厚的数学建模文化。

（六）一种模式——构建"走出去""引进来"模式,充分发挥榜样典型引领激励作用

立足国家级竞赛高度,构建"走出去""引进来"榜样典型引领模式。一方面,将校内优秀的竞赛经验"走出去",带领优秀教练组和参赛学生主动或应邀在其他学校进行经验分享交流;另一方面,邀请校外优秀获奖学生、指导老师进校给学生开展经验分享会、竞赛理论知识讲座、风采展示等,将"走出去""引进来"相结合,将优秀榜样、实用经验相互交流、相互促进,充分发挥榜样典型引领,共促竞赛取得优异成绩,共促整体数学建模精神传承,增强学生合作共赢、共谋发展的大格局观。

三、工作成效

自构建研究生数学建模思想政治教育实践育人新模式后,研究生参与数学建模竞赛的积极性与参与度大大提高,同时结合"思想政治+数学建模"实践育人新模式,在帮助提高研究生的比赛技巧和经验知识的同时,研究生的团结奋斗、吃苦耐劳精神也得到了很好的提升,在校园内形成了良好的数学建模文化氛

围,促使我校数学建模竞赛获奖等次和数量持续领跑全省,并逐年再创新高。

（一）获奖数连续12年领跑全省,成绩逐年再创新高

自2010年以来,学校连续13年获评江西省研究生数学建模竞赛优秀组织奖;自2016年以来,学校连续6年获评中国研究生数学建模竞赛优秀组织奖。在中国研究生数学建模竞赛中取得的成绩继续领跑全省,获奖总数创历史新高,在全省及行业内高校中位列第一,总分排名全国第18位,并获全国优秀组织奖（全省唯一）。

2012年至今,学校研究生在中国研究生数学建模竞赛中取得的成绩连续11年领跑全省,获奖总数逐年攀高,11年共获得12项一等奖。在第十九届中国研究生数学建模竞赛中,我校共荣获一等奖2项,二等奖23项,三等奖34项,总获奖数59项。其中一等奖、二等奖、三等奖及获奖总数均在全省排名第一,并再次刷新我校最好成绩纪录。同时,我校获奖数在全国行业内交通院校中排名第二,创有史以来最好成绩,且是全省高校中唯一收获2项一等奖的高校,总获奖数占全省高校获奖数的37.6%,位列第一。而在江西省省赛中,我校共荣获特等奖58项、一等奖105项、二等奖128项,总获奖数291项,其中特等奖、一等奖、二等奖及总获奖数量均在全省高校中排名第一,持续领跑江西,且再次创本校历史新高。同时,特等奖获奖数量占全省高校获奖数的35.8%,稳居第一。

在研究生数学建模领域,我校成为名副其实的江西高校"火车头""复兴号",由此引领的科技竞赛和训练氛围业已蔚然成风。

（二）发挥合力,助力思想政治教育实践效果显著

学校以数学建模竞赛为抓手,把立德树人融入思想政治教育、专业知识、实践育人等各环节,同时在宣传、培训、教学等阶段中融合科学精神、诚信意识、家国情怀、合作精神等思想政治元素。"思想政治+数学建模"新型实践育人模式的建立,发挥了专业、思想政治、实践育人合力,真正达到"三全育人"实效化,形成了研究生心怀"国之大者",奋力科研创新,努力实现人生价值的良好风貌,助力思想政治教育实践效果持续向好。

（三）"三全育人",提高竞赛师生满意度

对学校近2000名研究生关于研究生数学建模竞赛满意度的抽样调查显示,绝大多数研究生认为,研究生数学建模竞赛对自身科研水平的提升具有一定的帮助作用,竞赛不仅让他们获得知识、增强能力,同时还加深了对科学理论的理

解和运用,并与教练员建立了良好的师生关系。良好的口碑为本项目带来了更好的社会声誉,从而有助于吸引有更多优秀潜质的团队参加,这在以"三全育人"为背景下的思想政治教育工作中更显意义重大。

四、工作思考和建议

(一)以科研项目为依托,推动思想政治教育理论实践相结合

长期以来,思想政治教育的一个瓶颈就是理论脱离实际,严重影响了思想政治工作的实效性,阻碍了思想政治工作目标及任务的完成。而学校通过以数学建模竞赛为抓手,把立德树人融入思想政治教育、数学素养教育各环节,同时在教学内容、培养目标、教学方式中融合数学家精神、科学精神、协作精神、企业家精神等思想政治元素,建立"思想政治+数学建模"一体化体系,有助于充分发挥思想政治教育与数学素养教育融合的合力,弘扬积极、乐观向上的人生态度,培育研究生的人文关怀和家国情怀。

(二)将"互联网+"平台微课与传统课堂教学有机融合,充分发挥教育最大效能

传统的思想政治理论教育多采用讲授型的课堂教学模式,具有知识系统性、全面性等特点;"思想政治+数学建模"微课能够在数学建模过程中提供丰富的教学资源和灵活的学习模式。利用"互联网+"平台,创新教学方式,改进传统授课方式,灵活组织课堂教学,实现教练组与学生实时交流,突破时空限制,及时为学生答疑解惑,极大提升研究生的学习兴趣与效率。二者相互融合,既能发挥传统思想政治课程课堂教育的系统性优势,又能体现微课差异化、灵活性的特点。

(三)将党的二十大精神贯彻落实到科研竞赛的全过程中,实现科研能力提升与价值引领有机统一

坚持为党育人、为国育人,全面贯彻党的教育方针,落实立德树人根本任务,培养优秀的社会主义建设者和接班人。通过丰富科研项目、比赛的思想政治内容,将党的二十大精神延伸到项目申报、比赛规划、活动设计、成果评价等诸多方面,提高思想政治教育的实效性和感染力,实现科研能力提升与价值引领有机统一。

第二篇
把握成长线：多维并进

　　作为大学生的人生导师和健康成长的知心朋友，辅导员不仅要及时关注学生的成长，为他们的学习生活遮风挡雨，也要一喷一醒，帮助学生发愤图强。而大学生的成长经历不一，其成长轨迹往往伴随思想、情绪、家庭、经济等多方面因素复杂地交织在一起。要想助力他们茁壮成长、披荆斩棘，不仅需要进行扎根式的摸排，精准掌握每个人成长过程中的情况，做到"对症下药"，还要多维并进、多管齐下，积极调动一切可以调动的教育教学资源，帮助学生解决问题，促进学生健康成长。

签完到，睡大觉？

林春莉

在特殊时期,高校适时开展了大规模的线上教学,实现了"停课不停教、不停学",因此,特殊时期如何在"键对键"之间做好线上教学的学风建设与管理成了至关重要的问题。

一、案例介绍

在高校实行线上教学管理期间,部分学生能够保持学习兴趣不减,充分利用网络资源,通过多平台教学课程拓展学习广度,保持了良好的学习状态。但是对于自控能力较差的学生而言,以"签完到,睡大觉"为典型的"挂机"现象越来越多,甚至还有不少学生开始在线分享上网课"经验",比如老师一点名、一提问,就以网络状态不佳等原因推托,从而导致学习情况不佳、学业成绩下滑,班级学风出现两极分化。

二、案例分析处理

特殊时期,在线上教学中个别学生学风涣散,班级内学习氛围呈现两极分化。这主要是由于个别学生消极对待线上教学,在班级范围内出现"人传人"现象,从而影响了课堂氛围,导致线上教学效果欠佳,学生学业出现荒废现象。究其原因:一是学生的自主性和自律性不高,缺少学业生涯规划意识,缺乏目标动力;二是职业生涯规划指导不足,线上教学监管机制不到位;三是家长监督不严,家校协同联动不足。

从事件的轻重缓急来分析,辅导员首先要解决的就是个别消极对待网络教学的学生态度问题,其次要调动整个学生群体的自主性和自律性,激发学生的内生动力,加强学业生涯和个人发展规划意识。

(一)走进学生,走进课堂

随着课堂从线下搬到了线上,用直播间取代了教室,隔着屏幕的交流总是少了那一份真实。需要走进学生、走进课堂,深入了解学生的课堂出勤率、课程在线率、作业完成度等情况。在班级学风出现两极分化时,辅导员要先了解清楚具体情况,再根据掌握到的情况分类解决问题。首先,充分调动学生干部力量,通过班级学生干部大概了解班级全体学生的在线状态,还要与任课教师沟通交流,了解掌握班级学生的真实课堂状态;其次,要有网课巡查意识,根据学生课表进入在线课堂,随机抽查学生上课情况;最后,要将掌握到的情况及时在班级群中通报,以此警告、劝勉个别"挂机"的学生。

(二)谈心谈话,找出关键

在充分了解课堂情况后,做好个别学生的谈心谈话工作。谈心谈话是辅导员开展思想政治教育的重要手段,特别是做好个别"问题"学生的谈心谈话,对于提高学生思想教育的针对性和时效性起着重要作用。对于上课不积极、消极应付作业的学生,辅导员在教育和引导的同时,要找出产生这些现象的根本原因,是"缺少规划意识、比较迷茫",还是"自暴自弃、安于现状",针对不同的原因,要采取不同的谈心谈话技巧,在教育和引导的同时,抓住学生心理与行动的矛盾,因材施教,找出能够解决实际问题的办法。对于自律性差、容易走神分心的学生,要加强督促管理;对于缺乏目标动力、没有规划意识的学生,要加强生涯发展规划教育,引导学生建立目标意识;对于自暴自弃的学生,要建立起学生的自信心,鼓励学生"好的改变,什么时候都不晚",只有跳出舒适圈,才能解决问题、改变现状。

(三)以点及面,以少带多

网课学习需要学生具备更强的自主性和自律性。及时召开线上主题班会,在主题班会中融入正面和反面的案例分享,正面案例激励学生奋发向上,找寻成就感和价值感,激发学生向上向学的内生动力;反面案例鞭策学生反思自我,找出自身不足和问题。成功的主题班会可以"避危于未形",及时纠正学生的错误方向。如可召开"自律生活'网'前冲"主题班会,在没有上课铃声、没有早晚自习、没有固定教学场所的现实情境下,辅导员更需要深入了解学生思想、学习状态,在班级学生出现消极懈怠对待学习的苗头时及时教育引导学生转变态度,找寻学习的价值。线上课程学习期间,如何保证学生上网课的质量,辅导员需要深入思考。如还可成立线上课程导学团,不同学生对线上课程的适应性不同,适当选拔在线上课程中表现突出,能够理解运用课堂知识的学生作为线上课程导学团成员,可以充分发挥学生朋辈榜样的引领作用。线上课程导学团还可以避免个别学生因性格内向不敢与任课老师沟通的问题,能够在很大程度上实时解决学生在线上课程学习中遇到的各类问题，及时消化课程知识点，让线上课程导学团成为学生思想的引领者、行动的鞭策者。

（四）家校联动，共同护航

家校协同配合，让家长参与到在校大学生的成长成才中去，实现全员、全过程、全方位育人。特殊时期，不少学生暂缓返校居家上课，家长在学生的线上学习过程中扮演着重要的角色。在辅导员无法亲自参与学生的日常管理时，家长就成了学生最直接的监督者。在这段时间里，家长的角色贯穿了学生日常行为、课堂教学、饮食起居等所有活动，对于学生的培养起着重要的作用。辅导员需要与父母架起沟通的桥梁，通过电话、网络媒介、邮箱等方式建立家长反馈机制，一方面可以及时掌握学生在思想状况、日常生活、网课教学等方面出现的问题，给出针对性的建议；另一方面，通过与父母的沟通，可以让父母起到监督和管理的作用，特别是在思想层面，父母的谈话与劝诫，往往会起到事半功倍的效果。

三、工作思考和建议

特殊时期，能否引导学生健康成长，顺利完成学业最终成才，成为对国家对社会有用的人，实现自我价值，这与辅导员如何对待和开展思想引领和学风建设工作密切相关，需要把握以下三点。

（一）抓住认知核心

在学生学业引导方面，辅导员需要对学生有信心，这体现在看学生之"长"，不能因为学生出现一些错误或表现出来一些缺点就给学生贴上"坏"的标签，辅导员要坚信学生可以由"坏"变"好"，这个过程需要的是辅导员细心的呵护、精心的培育。针对有"问题"的学生，辅导员需要有爱心，尽量与学生家长保持沟通交流，双方共同努力，像学生的大家长一样，以心换心。对于教育引导起来比较费劲的学生，辅导员需要有耐心，工作事无巨细，把学生事当成自己的事，努力成为学生的知心朋友。

（二）用好相关载体

特殊时期，面对线上教学的挑战，辅导员要用好党团班组织载体，发挥集体力量，促进学生互帮互助共成长。通过建立互助小组，开展线上共同读书、科研、学习打卡、运动等活动，促进每一名学生的成长，真正做到"一个都不能少""一个都不掉队"。辅导员还要积极参与线上学习交流，保持沟通和学习都不掉线。

（三）把握校园氛围

线上教学期间，教学地点变了、授课方式变了，为保障教学质量，辅导员需要在校园氛围营造方面下功夫，比如开展"优秀班集体"创建活动，增强学生的集体荣誉感和班级凝聚力；再如联合任课教师结合专业优势，推动课程思政建设，有力推动优良学风的形成，促进学风、教风、校风三者统一，由浅入深，将学风建设与人才培养、时代新人培育贯通起来。

心有灯盏，向阳而生。学习是积累的过程，是知行合一的前提，学以致用才是学习的意义所在。辅导员需要做好学生网课的"打更人"，做好学生和任课教师之间的"润滑剂"，做好学生和家长之间的"纽带"，引导学生向上向学，不因特殊情况而懈怠学习，促进学生从被动学转变为主动学。

昔日休学"逃兵"，今朝"迷彩"先锋

岳艳艳　侯彦艳　党　姗

携笔从戎，是当代大学生谱写的一首青春之歌。他们用激情、用学识，为军营注入了新生的力量，也给钢铁营盘抹上了更加丰富的色彩。但军旅生活终究是短暂的，当他们脱下军装重返校园后，从士兵到学生的角色转换能否顺利？学业困难问题如何解决？作为高校辅导员，平时多沟通交流，及时掌握情况，循序渐进介入，终能帮助学生走出困境，绽放自身光芒。

一、案例介绍

小北（化名），男，退伍后转专业进入班级学习，复学时绩点仅1.09（毕业要求不低于2.2），当时已有9门课程不及格，后学籍预警留级至我所带的班级。课堂上他经常玩手机、开小差，不认真听讲，多次督促均无效。经过观察走访，发现他沉迷网络，并伴有抽烟、喝酒等不良习惯，不参加集体活动，生活空虚，无人生目标和追求。

二、案例分析处理

看似"学困"的背后往往存在着错综复杂的原因。通过与本人、家长以及学生前任辅导员多次深入沟通，分析导致小北学业困难的根本原因并不是学习能力问题，而是缺乏理想和自我价值感，缺乏努力的方向和奋斗的目标。本案例属于学业指导的工作范畴，剖析背后的原因如下。

过往经历：曾经优秀今平庸，二进大学意难平。小北成绩优秀却高考失利，本想复读，可父亲极力反对并代他填报志愿。进入大学后小北找不到学习的兴趣和动力，继而沉迷网络，多门挂科导致学业警告，为了逃避学习而参军入伍。入伍后，远离了手机、电脑等设备的小北精神状态逐渐好转，认真履行当兵服役任务，因表现优秀获得嘉奖一次。入伍期满时小北有机会转士官留部队，但遭到了父亲的坚决反对。

发展困境：转专业再入新"坑"，深陷一事无成"泥沼"。退伍重回校园的小北为了表达对父亲的不满，毅然选择了转专业，但很快他就意识到这是个错误的决定。双语授课对英语极差的他而言,每堂课都像在听"天书"。课程无趣,听不懂、跟不上,缺少朋友、内心空虚,小北逐渐丧失了一切兴趣和热情,感觉一事无成,再次萌生了逃避、退学的想法。

家庭原因:什么都不缺,就是不快乐。小北父亲做生意积累下丰厚家产,在乡邻中颇有声望,把持家中一应大小事务,但是脾气暴躁、控制欲强、固执倔强。小北自幼成绩优秀、备受宠爱,优渥的家境并没有让小北更开心,反而因家庭关系紧张、父子失和而感到生活空虚和无力。

小北的原生家庭对他的个性成长、人际关系、学习发展等都产生了巨大影响。紧张的亲子关系使小北出现了因适应、情绪等发展性问题导致的心理不适,引起自我认知失调、评价不当,进而产生了挫败感、孤独感、空虚感等问题。除了为其提供学业帮助外,更要认真剖析其性格原因、心理特征以便解决发展性困境。

(一)帮助解开心结:过往皆序章,未来皆可盼

用积极的心态和正向的观点矫正小北看问题的角度,改变他内在的消极态度。引导他正确认识和看待过去,忘记过去的阴霾,把退伍后的大学生活作为人生新的起点;保持平和理智的心态,努力培养积极乐观的生活态度,逐步找回自信和快乐。经过多次的电话家访,小北父亲改变了对儿子的看法和态度,同时也认识到了问题所在,表示愿意深入理解儿子的想法,关注问题背后的原因。父亲只谈看法不再越俎代庖帮小北做决定,并应小北要求为他推荐实习单位,为进入社会做准备。

(二)清除"沉疴旧疾":"扶志"与"扶智"双管齐下

针对小北自制力差、沉迷游戏、抽烟喝酒等情况,经本人与其他三人同意,将其调入"学霸"宿舍。生活在晨读夜跑、友爱相亲、比学赶超"卷"的宿舍里,小北逐渐养成了规律的作息习惯,戒掉了抽烟喝酒等不良嗜好。针对小北学籍预警的现实困难和消极的态度,通过师生齐心协力多层次对其进行帮助。首先,指定班委对其进行"一对一"辅导,带动他融入集体;其次,请专业老师引导小北正确认识其所学专业的优势和发展前景;最后,为小北推荐配套中文教材,在学懂专业知识的前提下补习英语,逐渐跟上双语课程。通过上述举措,小北的状态明显好转,与人交流日趋增多,不但端正了学习态度,对生活也焕发出极大热情,学习成绩稳步提升。

(三)重塑自我:激发潜能,创造机会树立信心

小北曾参军入伍并表现优秀,将此经历作为打开小北潜能的钥匙。推荐他

做学院的征兵政策宣传员，小北结合自身经历，把政策讲透、把程序讲明，宣讲效果显著。随后又鼓励他加入学生迷彩青春协会，参与校园综合治理、平安建设等工作。小北踊跃报名了暑期教官集训营，成了一名新生军训教官。这一系列来自外界的积极关注和正向引导增强了小北的自我肯定感，取得的进步与成绩使他获得荣誉感、成就感，内心得到满足，也进一步激发了小北的潜能，使他脱胎换骨、重塑自我。

在各方努力下，小北慢慢打开心结，阳光地成长了起来。

第一，心怀感恩，收获改变赐予自己的丰厚回报。经过成长和锻炼，小北目前已是班级的学生骨干，经常组织参与校园平安建设、防诈骗宣传教育、征兵宣传等工作。小北越来越开朗，经常向同学们施以援手的他成了大家的"百多帮"。小北和父母的关系也日渐融洽，他向父母主动谈起学习、生活，父母更理解他的喜怒哀乐，他也更感激父母的养育之恩，进而形成了良好的家庭氛围。

第二，闻需而动，化身"迷彩"先锋守护校园平安。因特殊时期需要，学校成立了一支"退伍大学生士兵先锋队"。小北得知消息后立即申请加入，他说："我当过兵，不怕苦、不怕累，只要能让我上阵。"他与队员们每天准时到防控点义务执勤，劝导大家正确佩戴口罩、保持安全距离，24小时巡查围墙以防有人翻墙离校或与校外人员接触。小北每天执勤12个小时，日行5万步以上。夜深人静，师生早已入睡，他仍旧在校园里穿梭巡逻，不放过每一处死角，不留一丝隐患，无数个从深夜到黎明的坚守，是他和队友们筑起的战"疫""防火墙"在守护师生的安全。若有战，召必回！小北挺身而出、勇担使命的责任和担当，兑现着铿锵响亮的军人誓言，展现出新时代退伍大学生士兵的精神风貌。

第三，不做"空心人"，以实际行动积极向党组织靠拢。在积极引导下，小北改变了思维、认知和行为方式，一扫之前的忧郁状态，逐渐清楚自己想要什么，也知道怎么去做，对生活充满信心和热情。小北从课堂上的"游魂"逐渐变成了缠着老师和同学请教的"烦人精"，上学期考试平均分提高到78.6，挂科科目仅剩1门。小北在思想上积极要求上进，经过不懈努力，目前他已经成为入党积极分子，正在向党组织靠拢的路上疾步追赶。

三、工作思考和建议

（一）追本溯源，加强价值观引导

突出"爱"，固本培元。一个人外在行为表现是内在情感积蓄的体现。家庭

情况、成长环境、心理性格等因素是造成小北自我价值感缺失的主要原因。在学生工作中要采用积极心理学的方法，爱学生、接纳学生，给学生提供抱持性环境，再给他们温柔而坚定的支持。要根据学生的特点有的放矢，才能让学生重新认识自我，挖掘潜力，冲出困局。

（二）因势而谋，由"改变人"到"发展人"

创造"机"，助推成长。提升学生的主体能力，就要透过学生面临的现实困难，体察学生的需求，在与学生的互动中挖掘他们自身的资源和优势，找到那个"撬动地球杠杆的支点"。以他们能够接受的方式给予引导，提高学生认识问题、解决问题以及适应环境的能力，从而实现全面发展，培养健全的人格，树立正确的价值观，相信这些曾经的"问题学生"会自发地向自尊、自爱、自信的方向努力发展。

（三）应势而动，重建认知系统

落实"行"，家校合力。看似是情绪在影响我们的人生态度，实则是情绪背后的认知在支配着这一切。改善学生的身心健康，克服焦虑，获得更多幸福和快乐，就要落实到家校合力的行动上，都把力往一处使，必定能取得一定的成效。家长要充分尊重理解学生，从关心学生的角度出发，以学生的切身利益为重，到位但不越位；学生要体谅和理解父母望子成龙的迫切愿望，在和父母沟通中学会换位思考，充分理解和尊重彼此，找到合理的解决办法。

（四）顺势而为，修炼善学善谋善做本领

善用"策"，教育引导。如果没有大学生应征入伍优待政策（退役大学生士兵在完成本科学业后3年内考研初试总分加10分，同等条件下优先录取），小北的内生动力也许没这么强烈。辅导员要找准工作切入点和着力点，要熟悉与学生管理相关的制度和政策，紧跟国家思想政治教育的大势，在工作中坚持师长和朋辈教育相结合，增强思想理论教育和价值引领时代感，才能更好地服务学生成长成才。

（五）启智润心，落实立德树人根本任务

坚持"恒"，不忘初心不负卿（学生）。强化思政工作要围绕学生、关照学生、服务学生，立足学生实际，构建思政工作格局，真正让学生"内化于心""外化于行"，加强人文关怀和心理疏导，促进学生身心和人格健康成长。作为思政教育工作者，要引导广大青年"牢记党的教诲，立志民族复兴，不负韶华，不负时代，不负人民，在青春的赛道上奋力奔跑，争取跑出当代青年的最好成绩！"。

多措并举，助推经困生成长成才

林春莉

高考结束，无数学子怀揣梦想踏入大学的校门，憧憬着自己的未来。但同时，也有一部分学生，他们的家庭经济困难，艰难地支撑着大学生活的开销，很多时候只能省吃俭用，一边过着较为拮据的生活，一边为自己的梦想努力。很多高校制定了多种贴合实际的资助政策，助力经困生成长成才。

一、案例介绍

小文（化名）是一名理科生，来自中部地区的一个贫困县，个子不高，皮肤黝黑，总是梳偏分头，比较内向。大一刚入学，她拖着满满当当的行李箱走进寝室，行李箱里除了简单的床上用品和自家做的小吃外，就只剩下几件有些破旧的衣服。辅导员到新生宿舍查寝时发现，小文的床位略显空旷，衣物和生活用品都少之又少。其实，早在新生入校前，辅导员便注意到了小文，因为在新生信息表中，小文的"家长联系人"那栏，和其他同学填写的父母信息不同，只留下了奶奶的联系方式。

辅导员主动找到小文谈心，深入了解了她的家庭情况。小文父母离异，父母都各自组建了新的家庭，并且全年在外务工，小文常年和年迈的奶奶生活在一起，奶奶依靠务农维持家用，随着年纪的增长，身体状况也愈发不好。初中时，小文头部长了良性肿瘤，做过开颅手术，医药费是小文父母经过多次推诿、争吵之后才凑出来的。小文的学费和生活费，通常都是找父母催要好多次才能拿到部分，父母冷落的态度使小文越来越内向，她沉默寡言，只在乎自己和奶奶。在之后的时间里，辅导员发现小文经常旷课，还找了校内奶茶店的兼职，每隔几天便会找同学借钱，金额都不大，一般都是"21元""49元"这种零钱。由于小文每次找父母讨要生活费时，父母都是相互推诿，渐渐地小文也就不和父母联系了。为了避免奶奶担心，小文又和奶奶说自己有钱，爸妈已经给过了。就这样，小文总是在每周末回家时从家里带来奶奶做的玉米粑、葱油饼、豆酱等当作餐食。如果想要添置点衣服或生活用品，小文便找同学先借着，等自己的兼职工资发下来后再还给同学。小文我行我素，遇上自己不感兴趣的课，便直接不去上，任课老师联系小文也得不到回应。

二、案例分析处理

这是由家庭因素而导致的学生经济困难、心理困难、学业困难的案例。小文不仅需要物质帮助,更需要心理关怀和学业生涯价值观的确立。从小文的行为表现来看,除家庭经济困难、缺少物质保障外,她还存在以下三个问题。

一是缺乏自信。 小文总是梳偏分头,用以遮住手术的疤痕,平时也不善与人交际,班会上不敢自我介绍,独来独往,不交朋友,凡事都喜欢闷在心里,想到什么就去做,不与人沟通交流。

二是欠缺学业生涯规划意识。 小文考上大学之后,觉得完成了奶奶多年来的心愿,自己的学业目标已经达成,并没有对大学的学业进行科学规划。小文遇上不喜欢的课程便直接旷课,也不回复任课教师的消息,认为大学是学业的终点,欠缺学业生涯规划意识。

三是人际交往障碍。 从小和父母分离,父母又把重心放在了各自的新家庭上,对小文长期不管不问,导致小文心理自卑敏感,总觉得自己不重要。她不参加班级聚餐、不参加班级活动、不参加寝室聚会,因为她认为"没有人会在意",她就像一个透明人。在这种观念的长期影响下,小文越来越自我,从"不愿意与人沟通交往"转变成"根本不需要与人沟通交往"。

解决此类问题,要对症下药,联动各方面助力学生成长。

(一)多形式走近学生,加强心理关怀

在每次查寝时,辅导员都找机会与小文聊天,夸奖她的桌面整洁,主动提出品尝小文带来的奶奶做的小吃,夸赞奶奶的手艺,并要求小文下次和自己分享小吃的做法。之后,辅导员总是在宿舍走访和课余时间与小文闲聊,拉近距离,慢慢引导小文讲出需求,走出自我的世界。

(二)多渠道帮扶学生,落实经济资助

入学初,辅导员带领小文前往学校的入学绿色通道办理点,指导小文填表并办理学费缓交手续,之后还帮助小文申领爱心大礼包,解决生活用品的需求。为避免小文因自卑敏感不愿意申请经困生认定,辅导员特意在"国家资助,助你飞翔"主题班会上,融入案例分享,在介绍国家资助政策之后,辅导员通过播放视频案例,引导学生追求自信人生。在了解到小文私下寻找校内兼职之后,辅导员

并没有直接反对其因做兼职而旷课的行为，而是通过班干部侧面了解小文的兴趣爱好，发现小文平时喜欢看美剧，英语口语表达能力很出色，便主动联系学校的外语教研室，帮小文寻找合适的勤工助学岗位。之后，辅导员将小文叫来办公室，制造机会让小文"正好"听见外语教研室老师打来的"急需一名口语表达能力强的学生担任助教，可以按月发放薪酬"的"求助"电话，让小文主动提出自己的口语能力还不错，可以试试看。辅导员则表现出惊讶与感谢，肯定小文的英语口语表达能力，肯定她承担岗位责任的积极主动性。通过这种"善意的谎言"，将辅导员给学生安排勤工助学岗位，转变成学生通过自身优势赢得勤工助学岗位，既化解了学生的尴尬，又增强了学生自信心。通过多渠道帮扶，小文缓交了学费，领到了生活用品，获得了国家助学金，还通过自己的能力赚取了生活费，解决了经济难题。

（三）多方面引导学生，重塑学业目标

加强小文的学业生涯规划意识，帮助小文重拾学业信心。在班级、宿舍安排得力学生骨干进行"一对一"帮助，营造良好的学习氛围，引导小文重视学业，意识到学习的重要性。在主题班会上，引导全体学生树立学业生涯和职业生涯规划意识，认识到大学是学习的新起点；在"职业生涯规划"课程中融入思政教育，加强规划意识教育，鼓励学生设置目标并按计划完成；在平时谈心谈话中，加强学生的专业认同感和专业课程接受度，使学生认识到个人培养方案的科学合理性，接受所读专业的课程设置并激发学生个人兴趣；引入朋辈帮扶机制，让优秀学子分享自身成长故事，树立正面榜样，改变消极思想。授人以鱼，不如授人以渔。针对小文的现状，帮助小文制订符合个人实际发展需要的学习方案，帮助小文正视学习困境，重塑学业目标。

（四）多维度关心学生，形成教育合力

学生的健康成长离不开学校的教育引导，更离不开家庭的支持配合。通过与小文家长的有效沟通，做好家长思想工作，让家长参与到孩子的成长学习过程中，逐渐化解心结，解开矛盾，家校联动，形成教育合力。

在辅导员的帮助下，小文在大学期间连续四年获得助学金，通过全国大学英语四、六级考试，获得了学校"自强之星"专项奖学金，毕业后顺利在教育培训机构担任主讲教师。

三、工作思考和建议

综合小文的具体情况,辅导员给予了充分的关注与关爱,提供经济帮扶、学业引导、心理辅导、精神安慰和鼓励,没有机械化地帮助学生解决客观问题,而是为学生的未来发展作长远考虑,有针对性地提供帮助,有方式地化解问题,因材施教,时刻关注小文的学习、生活、心理状态,多方力量共同助力,使小文尽快走出困境,更加坚强,进而收获成功。由此可见,资助不仅仅是经济帮扶,更重要的是通过资助力量来育人成才。本案例学生虽然没有取得惊人的成绩,但是学生本人能够顺利毕业,顺利融入社会,担负起自身的责任,这本身就是对国家资助政策最大的回报,是高校资助工作实现"资助—育人—成才—反馈"的良性循环。做好资助育人工作,辅导员需要注意以下几点。

(一)掌握谈心谈话技巧

谈心谈话是辅导员工作经常用到的一种手段,其使用的经常性和重要性可以说是居于所有工作方法之首。有效的谈心谈话,可以帮助辅导员了解事实问题,了解学生诉求,了解如何解决问题才是学生的迫切需要。谈心谈话,需要学生信任辅导员,愿意主动向辅导员敞开心扉,这样才有利于推动问题解决。用好谈心谈话手段,辅导员要做到:一是真诚平等沟通,不以批评教育代替谈话,不直接代替学生做决定;二是真心实意帮助学生,结合学生的当前处境给出具体可行的建议;三是直面困难处境,不逃避问题,找出问题的本质,陪伴学生积极勇敢面对,一步步鼓励学生建立自信,走出自我世界。

(二)落实国家资助政策

辅导员在开展资助工作时要坚持"一个都不能少"的原则,深入落实"不让一个学生因家庭经济困难而失学"的承诺,除宣讲介绍国家资助政策外,还需要做到精准施策,不要遗漏任何一个不了解国家资助政策或不愿意申请受助的经困生,做好思想工作,润物细无声。

(三)转变资助育人思路

资助工作不是简单地解决经济困难,而是通过深入教室、宿舍、食堂、活动,通过谈心谈话了解学生内心想法和心理状况,熟悉每一名学生的日常学习和生活,帮助他们解决实际问题,实现精准"扶困"。"扶困"要"扶智","扶贫"更要"扶志",单纯的经济帮扶显然不能为家庭经济困难学生解决问题,各高校以及各资助工作者要聚焦学生的综合素养全面提升,想方设法进行心理帮扶和精神鼓励,如设置勤工助学岗位、开展主题活动等,帮助家庭经济困难学生自立自强,引导其树立正确的世界观、人生观、价值观,实现资助者从"受助者"转为"自助者",再从"自助者"转为"助人者"。

(四)关注学生成长路径

家庭经济困难往往也会对学生的心理产生一定阴影,影响学生的人际交往和学业表现,一个家庭经济困难学生的背后是一个贫困的家庭,他们身上往往承载着一个家庭的希望,肩负着重大的责任,也面临着巨大的经济和心理压力。辅导员要做到心理资助深度和广度相结合,以结对帮扶的形式,充分发挥辅导员、任课教师、管理服务人员的主体作用,通过定向个性化帮扶,贯彻主动服务学生的理念,及时对学生进行困难帮扶及过程追踪。此外,辅导员与家庭要联合对接,了解家庭经济困难学生的性格、成长背景,并根据现有问题与家长进行沟通,实现真正意义上的合力育人。授人以鱼,不如授人以渔。家庭经济困难学生一旦确立了正确的价值观,便能更加客观、冷静地面对身边所发生的一切并妥善处理,所以在对家庭经济困难学生的资助中,要注意目标导向,引导学生自立自强、自力更生,树立和国家发展需要相统一的职业目标和人生发展规划意识,通过自己的努力奋斗成长成才,以此回馈国家、社会及学校的帮助。

家庭变故，"四情"相助

周寰辰　刘霜吟

意外和惊喜，永远不知道哪个先来。在高校，辅导员重点了解、重点关注的人群之一就是出现家庭变故的学生群体。他们往往在心理上较为脆弱，性格上比较沉郁。正因如此，辅导员要能与他们共情，用情温暖，帮助他们走出困境，助力学生健康成长。

一、案例介绍

所带班级的班长，来自赣州农村，身高体壮，为人忠厚踏实，乐于助人奉献，人缘关系好，但性格较为内向，不善言辞，社会实践锻炼较少，成绩处于班级中等水平，是一名家庭经济困难学生。开学返校后，他肠胃突发不适，就医后被诊断为轻微肠胃炎。平日里，班委和室友时常照顾，但是经过几天的用药治疗，身体仍未好转，反而越发虚弱。再次到省内三甲医院进行全面检查，检查结果显示生理上没有疾病，但该生仍吃不下东西。在谈心谈话过程中，他才提到家中可能发生了一些事情，但具体情况他也不太清楚，导致内心感到焦虑和不安。

为进一步了解情况，我当即联系了学生家长，日常沟通较多的父亲一直联系不上，带着疑问我联系了其母亲，其母亲称不知道相关情况。对其母亲再三说明学生身心现状后，她才对我说了实话。具体情况为：一是其父母早年离异，母亲早已远走改嫁，并与他人育有两个小孩，与该生联系很少，父亲一直是该生的养育人和监护人；二是疫情前其父亲在农田烧秸秆时，因不小心让火势蔓延而被拘留，因疫情突发，事情一直没有结论，其父亲也未能出来；三是疫情期间，该生被安排在姑姑家过年，近半年的时间内几乎失去了所有经济来源，生活也不习惯；四是他家中还有个年迈的奶奶独居，无人照顾也无经济来源。综上，加之父亲的问题没有家人帮助处理，一切皆未可知，他和奶奶长期没有经济来源，在多方面的压力下，内心被无助与恐惧充斥，突发的家庭变故导致他的身心受到了一定创伤，引发了身体的不适。

二、案例分析处理

学生因父母离异、家庭经济困难等因素，性格本身较为内向，心理抗压能力较弱,受挫感较强。受父亲被拘留的影响,导致其焦虑感增强,心理出现了一定程度的问题。此案例是因家庭突发变故导致学生心理问题,继而引发成长危机,运用"四情"资助助人模式,针对性地解决学生面临的问题。

从病情入手。作为辅导员,知悉学生病情后,第一时间安排其前往医院检查,并组织人员照顾。检查结果显示其并无生理疾病,排除了病理性问题,但病情没有好转,因此可换角度思考。

从全情着手。尽可能考虑事情的全要素,从检查结果、学生状态、与学生家长的沟通等方面进行深入细致的研判,多角度、深层次、全方位分析原因,理清思路,找准突破口。最终得出学生病情是因家庭突发变故导致长期处于焦虑、担忧的状态,从而造成的身体不适及食欲不振。

从心情下手。注重在心理上安抚学生,通过与其在不同阶段进行多次谈心谈话,耐心倾听学生心声,帮助他把内心的焦虑、恐惧、无助都表达出来,把巨大的压力释放出来。同时,鼓励、引导该学生把内心对家人的担忧以及对爱的需求有效转化为积极上进、励志向上的精神动力。通过多次心理疏导,该同学逐渐走出了焦虑和无助的状态,回到正轨。

从温情上手。整合已有资源,充分发挥学校现有育人机制及育人平台的功效作用,让学生在病情减缓、学业理顺、心情转变之后,通过找同学为其补习功课、帮助其申请勤工助学岗、获取学校和社会上的资助等方式,使其获得一定的经济来源,解决其现实根本问题,让其感受到来自身边的温情。

具体而言可以有以下几点。

(一)用情感知,充分了解前因后果

班长在宿舍突发不适,辅导员知道后便立刻带去医院就诊。但初次就诊后,病情并没有好转,于是带他进行了进一步检查。根据两次检查结果初步判断,该生没有生理性疾病,应该为心理问题引发的不适。经过与他深入谈话,知道其家庭发生变故,与其父亲无法联络,继而与他母亲沟通,了解变故具体情况。

(二)用情感动,充分给予力量支持

两次就医后,确诊结果都显示班长没有严重的生理疾病,作为老师,会在精神上和经济上给予他支持。与其母亲取得联系后,希望她在此阶段能够给予他更多的情感支持。同时也安排班委与室友,在生活上给予他一定的关心与照顾,时刻关注他的情绪和内心,让他在感情上感受到来自大家的支持。向他介绍学校资助政策,帮助他向学校申请临时困难补助,解决现阶段经济困难。

(三)用情感化,充分进行交流互动

了解清楚具体情况之后,我与班长进行了一次深入的谈心谈话。在聊天过程中,班长慢慢打开心扉,和我聊起他的家庭情况和成长史。他说,从小父母离异对他的性格造成了很大的影响,变得内向、不自信。作为辅导员,面对班长现在所处的消极状态,要不断地肯定和激励他,以增强他的自信心,从而真正做到用情感化,因此我给予了他三个肯定:肯定他是一个单纯善良、乐于奉献的孩子,作为班长积极为全班同学服务,得到了老师和同学们的一致认可;肯定他的专业学习能力,在班级处于中上水平,有很好的就业基础;肯定他为父亲、奶奶等家人担心的心情,说明他是一个孝顺的孩子。但是解决家庭困难的方法一方面是他尽快恢复身体健康,不让家人担心;另一方面要好好学习,自立自强,提高素质,立志成才,将来找到一份好工作,才有能力帮助在农村的父亲和奶奶,回报社会,真正做到"反哺",将此次变故转变为激励其上进的动力。

(四)用情感触,充分进行跟踪关注

之后,要持续跟踪关注,一方面关注他的身体状况,另一方面关注他的心理状态。首先,联系班上的学习委员,帮助他补习之前落下的课程,确保他之后不会因为成绩而产生其他问题。其次,保持与其母亲的沟通,表明孩子此时最需要的就是家人的爱与关怀,希望她能够多与孩子交流,给予孩子更多的感情支持和陪伴,一起度过困难时期。虽然从小父母离异,且由父亲抚养长大,但孩子还是有对母亲的感情需求,后面母子二人相处的状态确实有所改善,他们之间也建立了有效、融洽的沟通,每周会至少联系一次。再次,为了更好地解决他的生活问题,除了指导其申请国家助学金,我为他申请了校团委勤工助学岗,负责学校学生活动中心的日常维护工作,在个人能力得到锻炼的同时,也获得了报酬,实现了从"受助"到"自助"的转变。此外,在学校暖心工程的系列慰问活动中给予他学校的关心慰问,通过挑选冬衣、领取餐费等形式,让他从物质上、精神上、心理上感受到来自同学、老师、学校、国家对他的支持和关爱。在他恢复健康之后,作为班长,也一直以行动帮助同学,为他人服务,回报自己在生病时受到的来自多方的帮助。

三、工作思考和建议

(一)解决实际问题与解决思想问题相结合

在此案例中,学生无生理疾病却产生身体不适,应进一步关注学生的心理问题,帮助学生重塑信心、树立目标,从根源上让学生感受到来自身边的温情。

(二)对于困难学生,不仅要经济帮扶,心理帮扶也不容忽视

要加强引导鼓励困难学生参与各类活动,全面提升综合素质能力,挖掘其潜能。与此同时,要关注他们的心理健康,重视物质和精神层面双重帮助支持,加强励志教育和感恩教育。并联动舍友、班级同学,给予朋辈关爱,让困难学生能够独立自强,培养集体荣誉感,同时也有利于增强班级凝聚力,营造和谐的班级氛围。

(三)家校联动是解决突发变故的长效机制

家庭问题是部分学生产生心理问题的根源,因此在重大变故发生时,家长和学校要保持密切的沟通交流,做到家校合力,有助于更全面、更具体地了解学生成长过程中的问题,以及问题背后的原因,进而对症下药。

(四)用情感作沟通的桥梁,感动感化学生

辅导员工作是一份对待学生要以心唤心、以情唤情、以人性唤起人性、以人点亮人的工作。对于学生,不管是他们身体的变化,还是心理或家庭的变化,都需要我们全身心地投入感情去支持,尽心尽力尽情去感化学生,让学生在我们帮助其解决问题的过程中得到成长、收获和发展。

别让原生家庭的格局决定你的结局

汤　烨

　　大学生的健康成长离不开健康的社会环境,而原生家庭在学生成长与发展过程中扮演着不可替代的核心角色,家庭的整体环境、生活氛围等均会对学生心理健康、思想发展产生重大影响。在实际工作中,大学生出现的各类问题,绝大多数能溯源至其在原生家庭中的成长经历,可以说原生家庭是大部分学生产生问题的根源所在。由此可见,关注学生家庭的具体情况是高校辅导员、一线思政工作者不容忽视的一环。

一、案例介绍

　　毕业班学生K,多门科目重修,面临延期毕业,性格极为怪异、偏执,与班级同学格格不入,且时常出现异常情绪和过激言论。从接手班级开始,前任辅导员以及班干部都告诉我,他是一名"问题学生",于是我把其列为重点关注对象,经常向班干部和室友了解情况以便及时掌握他的动态。

　　某日班干部向我反馈,K将大一的实验数据用于当天的物理实验且未通过,实验结束后不肯离开,一直逼问老师为什么重修又没有让他通过,并且情绪非常激动,这已经是K第二次因为考试未通过与该老师产生激烈冲突。当晚,我立即与K的父母联系,告知他们事情始末,尽管他们意识到了K的问题,却束手无策。而这一切都源于K与父母之间存在着严重的沟通障碍。

　　第二天早上,我立刻把K叫到办公室与其沟通,但他丝毫没有认识到自己的错误,并且坚持认为实验未通过的原因是该老师针对他。于是,我把K当作朋友一样,站在他的角度与其交流,并向他倾诉自己的成长经历。慢慢地,K才向我袒露心声,告诉我他与父母产生隔阂的原因:从小到大,K除去与父母争吵外,基本零沟通,在成长中碰到挫折、逆境的时候,父母对他只有责怪,从未有过正面肯定,这使他在内心深处埋下了一粒怨恨和自卑的种子。了解的越多,越让我坚信K的家庭教育出现了问题,K的心理问题与其家庭有着不可分割的联系。

　　接着,我对K进行耐心引导,告诉他实验成绩的评定应由老师通过实验数据判定,自己的判断是主观感受,并不能代表客观事实。用以往的实验数据代入新的实验,代表学习态度不端正,是投机取巧的行为,老师要求重做是对学生的学业负责,不是针对其个人。经过反复沟通后,他终于意识到自己的问题,并且表示会主动向实验老师道歉并申请重做实验。

对于 K 这类问题,一定有其滋生的内部、外部环境。除了在学习上、生活上持续关心他,我还主动帮助 K 联系心理咨询中心的老师,希望通过外部手段帮助他。尽管"问题学生"的教育和转化是一项复杂、艰巨、细致的工作,也并非一朝一夕就能取得实质性改变,但只要在日后的工作中细心观察、持之以恒、对症下药,就一定能够帮助他们找到解决问题的钥匙。

二、案例分析处理

从上述案例中可以发现 K 因学业困难造成延期毕业,从而遭受就业压力,加上家庭问题的重重积压,导致他出现心理应激反应。面对理想与现实的冲突,K 逐渐丧失了对生活的信心,如未能及时进行疏导,可能会产生严重影响并造成不良后果。其主要原因大致有性格、学业与家庭三个方面。

性格方面:该生性格内向、古怪,不善于交流表达。

学业方面:该生学习态度不端正,对学习抱着敷衍了事的态度,大三后课程难度增大,学业压力陡增,导致其延期毕业。

家庭方面:K 与父母之间因长期缺乏沟通,产生了严重的隔阂,父母也对其束手无策,学校失去了家庭的支持和配合。

针对分析得到的原因,可以采取以下几点措施进行干预。

（一）春风化雨，耐心疏导

对于 K 多门科目重修、延期毕业的情况，我帮他做出客观分析，理解他在看到毕业季同学们都在忙着找工作或考研，而自己却要延期毕业的焦虑心情，告诉他首先要调整心态，改变自己学习态度不端正的现状，提高学习主动性，尤其是他目前如果不能主动破局，之后还会影响就业，甚至未来的发展进步等，使他意识到问题的严重性。

（二）润物无声，用情关怀

在与 K 的谈心谈话中，我试着做一个耐心的倾听者，认真听他讲述自己学习生活中的迷惘和困难，让他可以袒露心声、畅所欲言。我积极关注 K 的学习、生活、情感等方面的需要，并通过共情关怀感染他，帮助他解决面临的各种具体问题，用行动让他切身体会到我的尊重、理解和关爱，与他建立信任。劝导他面对磨难要"咬定青山不放松"，面对挫折要"泰山崩于前而色不变"，使他在持续关爱的体验中积累情感基础，以培养良好的师生关系。

（三）家校共育，同促成长

我尝试帮助 K 改善家庭关系，不断与 K 的父母沟通，让他们了解 K 在学校的各种反常表现，并告知他们要想改善亲子关系，就必须改变过去和孩子错误的沟通方式，学习沟通技巧，多给予孩子关怀和鼓励，不能只以父母居高临下的态度要求孩子，应站在孩子的角度去理解和关爱孩子，释放孩子的压力，这样才能让孩子真正地与父母推心置腹，形成家校合力，共促 K 的健康成长。

（四）朋辈帮扶，树立榜样

我通过在专业、班级、宿舍建立学习互助组织，把班级学生党员、入党积极分子等优秀学生组成"朋辈帮扶团"，发挥学生党员的模范带头作用，积极开展"一对一"帮扶。在 K 寝室 L（已推免至电子科技大学）的积极帮助下，K 逐渐找到了适合自己的学习方法，并有了一定的效果，自信心也逐渐找了回来。在我的鞭策下、父母的激励下、同学的帮扶下，K 在毕业前，终于通过了所有重修课程考核，顺利完成了学业，并找到了工作。

三、工作思考和建议

辅导员在大学生心理健康教育中发挥着极其重要的作用，应信任学生、关爱学生、与学生同向同行，强化思想引领，做好学生成长路上的引路人、贴心人、知心人，切实促进学生的人格全面健康发展。

在学生教育管理中，会遇到各式各样的问题，作为辅导员，应善于倾听，善于从细微处洞悉问题、化解问题，善于观察、勤于思考，感知学生学习状态、生活状态、情绪状态，真正做到在精神上关怀学生、生活上关照学生、学习上关心学生，帮助学生树立正确的人生目标，制订科学的学业发展规划，更加健康快乐地成长。

深陷聊天风波，携手共渡难关

陈莹莹　李芷仪

在当下，有部分大学生因难抵诱惑而被冲昏头脑，利用发达的互联网跟不知来路的陌生人尝试"裸聊"，殊不知却掉进了骗子的陷阱，进而损失钱财，因受骗后的羞耻感又不敢维权，走到了进退维谷的地步。

一、案例介绍

"老师，有件事我想寻求您的帮助。"一天深夜，我接到了班上一名男生王某的电话，电话里的他吞吞吐吐，透露着紧张与不安。在我的接连询问下，他突然说"还是算了"，就匆忙挂掉了电话。我再回打过去，他将电话挂断。我又通过短信的形式与他交流，他看出了我的急切，回复说："我不知道怎么和您说。"几经沟通，在我的关心下，他终于同意第二天到我办公室进一步交流。

在办公室里，他眼神闪躲，沉默了许久，在我的关切询问中，他终于敞开了心扉："老师，我被敲诈了……"

原来，学生王某通过游戏在网上结识了一名网友小娟，几经网上聊天，处于青春期的王某便萌生了情愫，与小娟确定了恋人关系。后经小娟引诱，两人在网上进行了"裸聊"。不料，事后小娟利用裸聊视频威胁敲诈王某5000余元，王某无奈之下借钱转给了小娟，可小娟又第二次威胁，走投无路的王某一方面不想再受小娟威胁，另一方面又害怕此事被亲朋好友知道，无奈之下拨通了辅导员的电话。

二、案例分析处理

本案例是学生因为不正当使用网络而陷入敲诈事件。错误根源是该生缺乏网络安全意识,在鱼龙混杂的网络环境中,缺乏辨别是非的能力,最终陷入了骗局。可以从以下几个方面着手解决。

(一)打破心中壁垒,搭建信赖之桥

面对学生的难言之隐,要用关心和关爱建立起和学生之间的信赖之桥。学生王某鉴于事件本身带来的羞耻感,无法坦然面对,而对方正是利用这种羞耻感进行敲诈。应运用倾听等方式,帮助学生打开心扉,全面掌握事情情况。

(二)坚持问题导向,做到有的放矢

面对案例,要聚焦学生最根本的困难、最亟待解决的问题。学生王某陷入敲诈案中,最需要解决的是如何阻止事件进一步恶化,如何帮助王某追回损失。在辅导员的劝解和帮助下,王某放下心中的芥蒂,随同老师一起到辖区派出所进行报案。只有通过正当途径,才能够有效解决问题。在辖区派出所的处理下,王某顺利追回了被骗钱财,而敲诈者小娟也受到了应有的惩罚。

(三)聚焦问题根本,加强分类指导

聚焦王某事件的问题根本,是互联网时代网络信息良莠不齐,网络环境鱼龙混杂,而大学生正处于对新鲜事物敏感、身份认同及情感需求较大的一个时期,面对网络的快节奏,大学生往往无法辨明是非,容易陷入困境与迷茫,甚至可能因为网络法律意识薄弱造成使用网络不文明、不规范的行为,需要承担相应的法律责任。网络安全教育是学生思想政治教育中非常重要又相对薄弱的一部分,需要在日常的生活和学习中加强教育和引导,帮助学生树立正确的三观,增强文明规范使用网络的观念和意识。

(四)持续保持跟进,关注后续发展

事情虽然解决,但是后续还是要加强对王某的思想、学业、心理等方面的跟踪及指导。在对其批评教育引导之后,更要关注其心理健康问题和学习状况。如何能让王某从"裸聊"事件的羞耻感中走出来,积极投入学习生活中,是这个案例后续需要关注的重要问题。可以通过多种方法积极引导学生,必要时请求心理健康教育中心的专业老师介入帮扶,疏解学生心理压力;还可以通过增强班级关怀、寝室温暖等形式,帮助他重拾生活的信心。

三、工作思考和建议

（一）注重学生个体化差异，从"大水漫灌"到"精准滴灌"

大学生正处于个人成长的关键时期，受不同的成长环境及性格影响，个体之间存在较大差异。传统的"大水漫灌"式教育属于普遍性教育，符合大部分学生成长成才规律，但缺乏针对性和时代感，尤其对于"00后"大学生来说，他们普遍具有更加强烈的自我意识，人格塑造的过程中也更容易受到互联网影响，个体化差异相对较大，这就更加凸显"精准滴灌"的重要性。可以通过对每位学生建立动态档案，掌握个体的不同，精准施策。

（二）从个别到一般，坚持个人教育与集体教育相结合

王某属于个例，但是这个问题的背后，也暴露出大学生在使用网络等社交平台时，缺乏法律安全意识，更缺乏文明规范上网的自觉性。作为辅导员，在大学生日常生活和学习中，可以从个例切入，坚持个人教育与集体教育相结合，以小见大，以点到线，以线到面，呈辐射性展开广泛性主题教育，做到防微杜渐，有的放矢。

（三）创新工作形式，让学生从线上重回线下

互联网已经成为当代大学生日常生活学习不可或缺的一部分，很多人选择做"键盘侠"，习惯了虚拟网络生活，大大减少了真实社交的频次。辅导员应不断创新工作形式，发挥组织育人、实践育人功能，鼓励学生从网络走向生活、从宿舍走向操场、从"键对键"到"面对面"，让学生从线上重回线下。

"刷单"返利是陷阱，选择兼职要当心！

汤　烨

网络诈骗是指以非法占有为目的，利用互联网采用虚构事实或者隐瞒真相的方法，骗取数额较大的公私财物的行为。而"刷单"返利类诈骗由于返利周期短、引流成功率高，已逐步演变为当前变种最多、变化最快的诈骗类型，并与其他电信网络诈骗手法相互"融合"，成为电信网络诈骗主要引流方式。

高校学生群体是网络诈骗的重点对象之一，不法分子利用高校学生涉世经验不足、防骗意识不强的特点，非常容易骗取巨额钱财。因此，高校辅导员要尤其注意防诈骗宣传教育，为学生的经济财产安全保驾护航。

一、案例介绍

2021 年，学生小敏（化名）即将毕业。由于家境贫寒，她在校期间一直省吃俭用，同时很想通过自己的努力赚钱，偿还部分助学贷款，减轻父母的压力。受当时特殊情况影响，在校外找的兼职被迫取消，整日闲在宿舍的小敏逐渐变得压抑和烦躁，很想找一份工作，既能消磨时间，也能赚一些钱。

大四下学期的一天，突然有陌生人加了小敏的 QQ 好友，然后又把她拉进一个全员禁言群，随后，群里开始有人发类似"刷单"的消息。一开始，小敏担心是诈骗，但陆续看到群里很多人收到佣金后，抱着"闲着也是闲着"的心理，慢慢"入坑"。刚开始，她保持着小心谨慎的心态，隔一段时间刷一单，下载指定 APP 后，每天下午定时完成任务，注册反馈后即付佣金，高薪日结，多做多挣。接着，小敏抱着试试看的心态，逐步接触新业务"小额转账"——往指定账户里转账后，平台会返还比转入更多的钱。小敏忐忑不安地用"刷单"赚来的钱，进行着一笔笔转账，确实很快就收到了佣金。

过程中，诈骗者要求必须把每单做完，才能返还本金和佣金。其中的任务类似于在"专业人士"的指导下在指定网址买彩票，百分百"中奖"。由于之前收到了薄利，小敏在激动和紧张的情绪下投入了更多的钱，但很快便进入了诈骗者设置的陷阱——无法提现。诈骗者表示，是因为小敏买错了才不能提现，且由于小

57

敏的失误,信誉积分有损,要充值现金才能提高积分。慌张的小敏不知所措,就这样一步一步走进了诈骗者精心设计的陷阱。

出身贫寒的小敏并不能凑出足够的钱,于是在诈骗犯的指引下,靠借款和贷款 APP 凑钱。结果可想而知,小敏仍然不能提现到账!这次的理由是账户系统正在维修,第二天早上就能提现到账。小敏一夜未眠,次日醒来后却发现无法登录该网站,最后的希望破灭后,小敏悔恨不已,到最后都没想通自己是如何一步一步被骗的。如果一开始就不相信天上会掉馅饼,掐断贪婪的欲望,不相信"高薪日结",那么就永远不可能落入诈骗的陷阱。

二、案例分析处理

案例中的小敏因家庭贫寒，企图通过"刷单"返现的形式赚取生活补助，结果掉入陷阱。该案例的诈骗套路大致为：四处散发"手机点赞、轻松兼职、日入百元"等高薪兼职信息；前期完成小额任务后会返还本金及佣金，博取信任；后期以必须完成规定单数或订单未生效等为由，诱骗继续"刷单"；以各种借口拒绝返现，被识破后拉黑受害人。

探究该案例产生的原因：**一是网络时代带来的巨大冲击。**人们的生活、工作和思维方式因网络而改变，人与人之间的关系也因网络出现了新特点、带来了新冲击，它扩大了人际交往范围的同时，也产生了一定的负面影响，如虚假信息泛滥、个人信息容易泄露。**二是赌徒心理产生效应。**学生群体是"刷单"返利套路易受骗群体之一，诈骗分子通过网络途径发布以"零投入、高回报、日清日结"为噱头的"刷单"兼职信息，待受害人上当后再以连环"刷单"任务、系统卡顿为由拒绝返还本金和佣金，想尽办法骗取更大金额。作案手法虽然简单，但不少人会因为初期尝到小额返利的甜头，而栽进更大的"刷单"骗局。

本案例的解决思路要把握好主要矛盾和次要矛盾之间的关系，先解决小敏的心理问题，帮助小敏跨出心理障碍，打开她与父母的沟通屏障，让校协同发挥作用，产生育人合力，形成"1+1>2"的增值，再解决追缴被骗资金，以及若无法追回骗款，后期如何偿还债务的问题。具体如下。

（一）循循善诱，重在及时

及时疏导小敏悲伤焦虑的消极情绪，比起金钱损失，小敏遭受诈骗之后更难接受和自洽的是自责、父母的责备、他人的嘲讽和否定。充分发挥朋辈心理互助效应，以支持和信任为纽带，互相扶持、互为榜样，帮助小敏树立正确价值观，用积极乐观的心态面对困难，摆脱心理困境，重新回归正常的大学生活。

（二）釜底抽薪，重在协助

以解决思想问题与解决实际问题相结合为出发点，协助小敏尽可能地挽回经济损失。一方面，立即报警，积极配合公安机关和学校保卫部门的调查，与诈骗者"抢时间"，提供尽可能多和详细的助于破案的信息和证据，包括诈骗者与其交往的经过，遗留下来的文字资料、身份证件、电话号码等线索，尽量追缴被骗的财物。另一方面,为缓解小敏的经济负担,积极联系学校学生资助中心,为小敏安排勤工俭学岗位,同步做好与小敏家长的沟通,协同教育学生,严防二次伤害。

(三)朝督暮责,重在排查

有针对性地在学生群体中开展一次遭遇网络诈骗的全面排查,尤其是对易受骗型人格的学生、想要投资赚钱的学生,以及家庭条件不佳,希望通过兼职等方式勤工俭学的学生,做到及时掌握、及时上报、精准施策,做好随时应对"黑天鹅"事件的准备。

(四)潜移默化,重在教育

集中开展"紧绷防范之弦,远离诈骗之害"安全教育主题班会,通过以点带面、点面结合的方式,进行线上线下安全教育。通过班会教育,积极宣传防范电信诈骗和应对措施,切实提高学生防骗意识,增强对环境的适应能力和对挫折的承受力。此外,建立家校共防电信诈骗的协作机制,形成防范合力,将防诈重要内容以"致学生家长的一封信"形式传达给家长,使家长进一步掌握电信诈骗的特点、危害以及必要的防范技能,共同教育引导学生增强防范意识。

三、工作思考和建议

(一)努力介入,破解困局

网络诈骗的目标主要以大学生群体为主,例如,诈骗分子通过网络途径发布以"零投入、高回报、日清日结"为噱头的"刷单"兼职信息,先给"甜头",目标"上钩"后再一步步诱导,最终实施更大金额的诈骗。大学生被骗后,往往会陷入自我怀疑和自我否定,从而陷入"精神内耗"。可以通过开设心理健康教育课程、专题讲座、心理素质拓展训练活动,帮助学生掌握必要的心理健康知识,学会调节情绪的方法。如通过向好友倾诉、写信、写日记等转换环境,明确影响情绪产生的内外因素,运用合理的方式表达和排解情绪,提高情绪控制力。

(二)心理预防,保障到位

建立健全心理预防机制,保护学生的心理健康,拉响防诈、防骗的心理警报。心理预防机制的构建除了被害人和潜在被害人自身采取措施外,还需要相关部门采取相关措施构建起相应的保障机制。可以在班级开展防诈骗专题讲座,针对相关群体,邀请反诈骗民警以受骗典型案例、被骗学生现身说法等方式,讲述其危害及预警措施,引起学生的重视和警觉。

(三)防微杜渐,居安思危

为做好网络思想政治教育,辅导员应充分发挥校园网络安全教育的主力军、主阵地作用,营造健康向上的网络环境,引导学生积极参加网络安全知识与技能培训,及时向学生分享相关防骗反诈知识,切实增强师生网络安全意识。另外,还可尝试开设安全教育选修课程,不断推进网络安全教育工作制度化、常态化,提升学生基本防护技能,将安全教育落到实处。

弃被动"内卷"，取主动努力

常玉凤　徐鑫宇

"内卷"这个词起源于康德哲学,发展于农业经济学,体现于学历教育。2020 年下半年有几张图片在网络上刷屏:有人骑在自行车上看书,有人边骑车边用电脑,有人床上铺满了一摞摞书。边骑车边用电脑的同学被称为"卷王"登上热搜。而直到如今,"内卷"的热度依然只增不减,并在大学生群体中广为流传。他们过度竞争,渴望成功的结果,认为自己的时间一分一秒都必须用于学习,身体和心理都承受着巨大的压力,心力交瘁。本案例展现了学生在"内卷"心态的影响下产生的心理焦虑、人际交往不畅等心理及行为异常问题的解决过程。

一、案例介绍

2022 年的某一天,正在读大四的张强(化名)在朋友圈发布了一条动态:"梦碎了,一切都失败了,我真没用。"配图是黑白色的背景,一个少年戴着帽子,坐在角落里哭泣。

看到这条动态后,我立即与张强联系,约他进行面对面沟通。经过与张强谈心谈话,他逐渐在我面前打开了心扉。张强在大一时就确定了保研的目标,便开始了如高三一样的艰苦奋斗,舍弃了一切的社交和娱乐,抓住一切可以看书的时间,学习成绩在班上一直都是名列前茅,这更让他坚定了保研的目标。但是在进入大三之后,张强发现自己的动力逐渐消失,效率怎么样都无法提高,惶惶不可终日,越来越焦虑,感觉保研之路终将失败。在最终结果出来后,果真如此,张强一时间无法接受,整天以泪洗面,常常感慨"一定是我没有更加努力,花的时间还是太少了,我真没用"。"内卷"失败后,张强失去了人生的方向,无法接受现实。

二、案例分析处理

案例中的张强,在自身的成长经历中一直都是被动接受他人教育和指导,在进入大学之后,没有及时调整自己的心态,没有长远的理想和目标,仍然以"苦行僧"式的生活方式去学习,缺少主动获取知识、得到成长的动力。同时在现实生活中因为缺乏社交,缺少朋友,导致开始远离人群沉浸在自己的世界里,痛苦无法得到排解。

探究该种现象的原因,一是学生的人生规划不明,学生对于未来的计划和目标不够明朗,在大学里,失去了老师和家长的不断鞭策和叮咛,缺少了老师给自己制订的学习目标,便开始产生了从众心理,不加思考跟着他人走。二是学生缺少个性思维,在大学生活中没有及时转变高中时的思维,化被动为主动,而是不动脑子一味盲从,在从众队伍里左顾右盼、前后张望,身心浮躁焦虑,注意力聚焦在他人、在"脚尖"前的一块地方,并未专注于自身,放眼远大的未来。解决的办法具体如下。

(一)写下"句号",用"满分答卷"结束"内卷"生活

在本案例中,学生大学四年始终坚持"内卷",忽视其他方面能力的提升,缺少自我压力排解的能力,保研失败的现实导致学生自信心惨遭打击,进而严重影响学业及社交。创造一个轻松愉快的谈心谈话氛围,与学生拉近距离,主动引出一些热点话题,让其间接接受自己保研失败、心态错误的事实,认识到被动"内卷"和主动努力的结果存在差别。将张强从"内卷为王、成功第一"的心态拉到现实中,并逐步认识到"内卷"和努力不一样,一旦"内卷"的结果不如意,自己就会非常失落,感到万分沮丧,产生一种"人间不值得"的想法;但努力不一样,结果不如意,自己会总结经验教训,寻找下次努力的方向和方法,不会对未来绝望,不会轻言放弃。此外,调动学生干部、室友等朋辈力量,共同帮助张强制订考研复习计划,督促其利用剩余时间复习相关科目,争取考研顺利"上岸"。

(二)画好"分号",用"满分心态"重启青春活力

"凡是过往,皆为序章",鼓励张强勿纠结于过往的失败,勇敢改变自身,面对未来。时值学校运动会,及时召开主题班会,实现改变自身的第一步。邀请张强加入校园田径队,并作为参赛代表在同学中开展一系列的相关训练,一方面迫使张强主动改变颓废心态,了解和接受大学生活的美好和多样,感受青春的活力气息,另一方面利用学习小组互助的方式,促使张强与同学们相互学习、共同提升,进一步增进学生之间的相互了解和友谊,改变固有的思维模式,克服"内卷"现象导致的迷茫和焦虑。

（三）标注"感叹号"，用"满分干劲"面对未来挑战

邀请学校奖学金获得者、"自强之星"、"科创先锋"等优秀学生组建学生宣讲团，深入各个学生群体开展宣讲分享，通过讲述个人成长经历，引导学生树立个人理想，把个人理想与党和国家的事业结合起来，提振学生精气神，以"争当排头兵"的担当面对未来的机遇和挑战。

三、工作思考和建议

（一）辩证看待问题，立足现实需要

综合来看，"内卷"已经发展成为一种特有的学习现象。不可否认，"内卷"的学习会让学生的学习变得组织化、规则化、程序化，但是学生会因此失去许多美好生活的体验和真正自我价值的实现。大学生群体是可塑性最高、接受能力最快的群体，帮助这个群体树立"人人修身养性"的自觉，打造"人人相善其群"的格局，是辅导员的当务之急。其次，正确引导学生参与学校社团、运动队的锻炼，利用其形式新颖、吸引力强的特点和优势，促使学生被主流价值观所引领，为大学生思想政治教育工作提供新的契机。

（二）注重榜样教育，促进全面发展

大学生在成长过程中，总有一个阶段会在外界寻找偶像，树立自己的榜样，通过学习、模仿，找到成长的方向。而榜样不仅仅只存在于专业学习领域，跑去拥抱健康的身体，参加各项体育运动，是青春的榜样；跑去拥抱各类赛事，行走在各类学科竞赛和人文艺术竞赛中，是创新实践的榜样；跑去拥抱校园活动和社会工作，服务他人，提升社会责任感，是思想成长的榜样。应树立各领域学生榜样，正确引导学生多层次、多角度、全方位成长，真正实现全面发展。

第三篇
建好网格线：共情陪伴

　　大学生在人际交往过程中难免会产生摩擦，引发矛盾，矛盾可能来自校园内，也可能来自校门外。尽管大部分大学生已经成年，但其心智仍不成熟，不能熟练掌握解决矛盾的恰当方法，处理不当常会引起情绪波动，而这种情绪波动往往难以捕捉、难以掌握。长此以往，不稳定的情绪会导致人际关系恶化、学习状态下降，从而困扰他们的身心。辅导员除了主动了解、谈心谈话以外，还需要发挥朋辈之间的监督作用、学生骨干的激励作用、师生之间的共情作用，勤于换位思考，以网格线为轴，纵横开展工作，陪伴学生共同消除人际交往中的烦恼。

共同愿景融入班级治理，助推落后班级华丽蜕变

胡邦宁

班级作为高校开展各类活动的基本单位，是落实立德树人根本任务的重要领域和前沿阵地，承载着丰富的思想政治教育价值和功能。面对创新人才培养模式和学生价值取向多元化的新格局，班级建设已经从精细化管理走向精准化治理，这对高校辅导员的素质能力提出了更高要求。

一、案例介绍

2019 年 9 月，因大类招生分类培养计划，大二某班级由多个原大类培养班级学生重组而成。新环境、新集体，面临新的班级治理难题：一是原生班级导致学生自然形成了两个圈层，在班委选拔、评先评优、推优入党、经困生认定建档等班级事务上双方屡有摩擦，甚至出现猜忌式举报的情况；二是步入大二以来，不少学生对大学的新鲜感和探索欲逐渐消失，或沉浸于网络社交或局限于两三人的固定圈子，同学间交往日渐疏离；三是在激烈的学业竞争压力下，部分学生选择焦虑性"卷死你"或放弃式"emo"，对待班级活动或是一切为了加分，或是被迫参加，导致班级活动随意化、表面化和形式化。久而久之，班内学生间弥漫着颓丧之气，班级整体学习状态散漫，班级活动参与度低、效果差，班团组织软弱涣散，最终导致该班级 2019—2020 学年班级考评在全院垫底，班级建设走入恶性循环的怪圈。

二、案例分析处理

本案例可定性为班级建设中学生个人与班集体"脱嵌"导致的班级组织育人功能的失效问题。究其原因，一是人才培养模式的改革使班级弹性增加，学生流动性增强，容易产生圈层隔阂；二是现代网络和信息技术的快速发展，压缩与割裂了班级间群体的交流空间，降低了学生间的现实社交欲望；三是学生的价值取向日渐多元化，以自我为中心的个体主义开始取代传统的班级集体主义。综上，该班级困境治理的核心是：个人与班级长期处于"脱嵌"状态，导致班级松、

散、垮,使得班级建设失败、场域失灵、育人失效。

学生与班级的关系如同不断变化着的个体与社会的关系,一直处于一种"嵌入"与"脱嵌"的矛盾统一之中。因此,该班级治理的关键不是在"由谁产生"上,即要跳出时代背景、学生个性与班级建设的是非因果论,而是要专注到"为谁所用"上,即挖掘育人元素,优化育人方法,树立共同远景,对学生的思想认知进行有效引导转化,帮助个体"嵌入"集体,实现共创共建聚合力,共享共赢促发展。

解决该案例中问题的核心是要聚焦主要矛盾,解决本质问题。辅导员应完善班级治理体系,提升班级治理能力,通过"道""法""术""器""势"五个维度打造班级共同体,不断提升班集体的凝聚力、创造力和活动力,促进班级学风建设,帮助学生将个人进步与组织发展相结合,完成"脱嵌"到"重嵌"的转变。

(一)以"道"明向,凝聚班级共同价值共识

明确以"何道"明"何向",遵循思想政治工作规律、教书育人规律、学生成长规律,开展马克思主义和中华优秀传统文化的集体主义价值观培养,回归以学生为本的育人本质。面对原生班级学生之间的圈层隔阂与学生沉浸于网络社交或局限于两三人固定交往的问题,主动创造条件,组织创设学生间"共处、共情、共生"的线上线下教育情境,累积共同经验,培养学生间乐于助人、善解人意的人际关系。面对学生群体中以自我为中心的个体主义盛行现象,结合时事热点,顶天立地谈马克思主义集体观信仰,理直气壮亮观点,思想引领纠偏,转变认识。同时树立创建学习型组织的班级目标愿景,通过完善机制、创新路径、营造氛围、聚合资源,帮助学生在参与班级建设中实现"小我融入大我,青春融入时代",做到解决学生思想问题与班级组织育人实际的标本兼治。

(二)以"法"立本,健全班级管理机制

"法"根基于"道",为班级治理提供制度与机制保障。明确用"何法"立本,即班团组织制度与班级育人机制。面对该班级整体学习状态散漫,班级活动参与度低、效果差,班团组织软弱涣散的局面,以共同愿景为导向,以评价为抓手,做实做细制度建设,主要包括班级民主制度、班务公开制度、班级量化奖惩制度、

班级日常活动制度等。在完善的班团组织制度基础上探索契合思想政治工作规律、教书育人规律、学生成长规律的班级特色育人机制,发挥班级自育功能,实现学生自我教育、自我管理、自我服务、自我监督。

(三)以"术"立策,创新班级育人路径

"术"符合于"法",是解决思想问题与实际问题的关键。在具体实施环节,发挥组织者、实施者、指导者的角色定位,做好以下五点。

1. 广泛深入调查,掌握问题根源。通过组织恳谈会、个别与集中谈心谈话、走访学生寝室、察访教学课堂等方式了解学生对班级建设的意见建议,并记录总结学生的真实需求和合理诉求;直面学生疑惑,敞开心扉坦诚沟通;根据学生对班级管理的误解等开展针对性分类分层指导,增强服务内容精准供给,帮助学生从中正确认识时与效、远与近、成与败、得与失、个人与班级等辩证关系,厚植化解班级事务间摩擦的前期基础。

2. 创设交流情境,增进学生了解。创设线上线下相结合的教育情境活动,广泛组织学生参与"向往的生活"主题班会、"康乐趣味"班级运动会、宿舍文化风采展交流会、党团知识线上竞赛等;引导学生在暑期"三下乡"、革命老区参观体验、红色走读、网上重走长征路等社会实践中了解国情民情,增进相互了解,增强集体荣誉感和班级凝聚力,进而为打破圈层隔阂建立学生个体"嵌入"班集体的新型场域。

3. 加强思想引领,凝聚共同愿景。心怀"大思政课"理念,在课堂教学明理,让主题教育有"共鸣"、能"共情"。课内借助"形势与政策""马克思主义原理"等课程加强集体主义的理论阐释与主流意识形态的灌输;课外开设"致远讲坛",邀请退伍老兵、创业改革先锋等讲述集体的奋斗故事,发挥先进典型的引领作用,涵养集体主义观;课后紧紧把握关键节点,例如,以建党百年为契机,组织"开学第一课"、"请党放心,强国有我"音乐会、《长津湖》电影展播、"党史短剧大赛"等主题活动,持续推进专业情志教育,提升学生的学习内生动力,激发学生的学习热情,引导学生凝聚班集体的共同愿景,建立共同目标,奠定学生个体"嵌入"班集体的情感共识。

4. 抓住关键群体,加强行为引导。紧紧抓住党团组织、班级骨干,加强学生干部队伍建设。一方面,提升学生党员与班委干事的集体观念、大局意识与责任意识,优秀的要率先作表率,形成正向对冲,较差的要警醒教育,率先改正,在学生群体中形成典型引导;另一方面,加强对班级建设造成突出负面影响的学生的甄别与教育,及时消除不良影响,解决圈层矛盾。同时强化制度保障,把集体主义教育融入班级管理相关制度中,斥责猜忌式举报等不当行为,明确边界,发挥制度的约束和规范作用,形成学生个体"嵌入"班集体的示范效应。

5.促进成风化人,着眼育人长远。注重文化浸润,涵养积极进取、开放包容、理性平和的学生心态,引导学生在班级人际交往中做到自尊自信,并针对性地组织开展班级团体辅导、素质拓展、设计班服、建立班训、筹划学生庆生宴等活动,增强班级事务的集体完成度,营造积极健康、温馨互助的氛围。同时针对学生基于非客观认识发出的不当言论勇于"亮剑",通过在网络平台等创作、转发优秀网文,占领网络阵地,唱响互联网理想信念教育主旋律,让学生在网络空间自觉接受集体主义情怀的熏陶,最终完成学生在班级内的"脱嵌"到"重嵌"的转变。

(四)以"器"成事,统筹教育实践资源

"器"服务于"术",是辅导员亲近学生、走进学生、服务学生的有力工具。本案例中掺杂着思想引领、学风营造、班团建设等复杂难题,需要辅导员广泛汇聚资源、聚合人员、搭建平台。一是牵线搭桥,用本土红色资源引领集体主义的价值导向,发挥红色文化浸润人心的作用,开展诵读红色家书、讲述英烈故事、红色影片展演、红色实地研学等红色文化育人实践;二是统筹协调,发挥链条作用,形成"两台"(线上—线下育人平台)、"三线"(学校—社会—家庭)、"四师"(辅导员—班级导师—心理咨询师—专业任课教师)等协同育人局面,促使集体主义价值观教育渗透到学生成长的全过程、各阶段。

(五)以"势"立人,因势利导

辅导员在开展班级建设中要借助并把握好时代大势,顺势而为,因势利导。在开展谈心谈话、主题班会、课堂教学、社会实践等具体工作中,辅导员要立足世界百年未有之大变局加速演进的时代背景,深入挖掘中国特色社会主义和中国梦教育、国情教育和形势政策教育、爱国主义教育、党史学习教育、中华优秀传统文化教育、祖国统一和民族团结进步教育、国家安全教育和国防教育等蕴含的马克思主义集体观育人元素。

经过长达一年的精准化班级治理，该班级的组织建设、队伍建设、学风建设不断完善，先后获评全国高校"活力团支部"、全省"红色班级"等集体荣誉，并在全校班级考评中名列第一。该班学生党员占比超过 30%，保研升学率接近20%；获国家、省部级学科竞赛荣誉 500 余项；自主拍摄的历史短剧作品《一口米缸》获评团中央"最具影响力作品"奖；开展的黔行支教志愿服务项目获评全国社会实践活动优秀品牌项目等。

三、工作思考和建议

（一）要坚持唯物辩证法和唯物史观正确分析问题的本质、根源及逻辑关系

在学生工作中往往存在大量碎片化的、零散的各类线索，辅导员要善于分析其中的逻辑关系，透过现象看本质。正如本案例中班级内部圈层隔阂等问题反映的恰恰是高校班级治理中面临的普遍性痛点，即学生集体主义观的碎片化、班级服务能力的碎片化、班级管理体系的碎片化、"生生—师生"关系联通的碎片化等，只针对集体活动成效差入手并不能有效解决班级治理的所有问题，必须要解决学生个人与班集体"脱嵌"这个根本问题来提升班级组织育人能力，否则可能形成"倒灌"，影响应对效果。

（二）要准确识变、科学应变、主动求变，打好变通的"组合拳"

本案例中班级整体学习状态散漫，班级活动参与度低、效果差的情况是个老问题，但却发生着新的变化。要想解决问题，既要准确识别老问题新形态，更要科学应用新技术、新手段，在具体方法上主动求变。例如，辅导员要认清学生与班级的关系如同个人与社会的关系，改善班级的整体状况就需要提升班级的治理能力和治理水平，落实到具体工作中要以育人带动学生自育，将管理转向班级自治；聚合好相关教育资源，用载体牵动各方力量，在激活学生内驱动力、增强班级外部引擎上双管齐下，形成班级治理的有效方法。

（三）要因事而化、因时而进、因势而新，把握大势精准治理

面对本案例中呈现的互联网时代圈层化这一热点，辅导员要抓住大势精准定位治理导向，抓准时机精准供给治理内容，抓好形势精准选择治理方法，以更

符合学生需求的方法积极融入圈层,掌握话语权,甚至要主动再造圈层,打破桎梏,帮助学生"嵌入"班集体。面对"内卷""躺平"的学生群体,辅导员要把握好时机与分寸,做到分层分类思考问题,"一把钥匙开一把锁";面对特殊形势,辅导员要主动转化,在关键时期、热点时期正面发声,加强主流意识形态的教育,做好疏导,提升学生的胸怀格局,让学生将关注点转移到努力提升人生境界上,培养不负期盼的时代新人。

家校共筑连心桥　法治教育基础牢

宋维毅　罗青

法治教育是高校思想政治教育工作的重要组成部分，是培育大学生树立法治意识、预防和减少大学生违法犯罪的重要举措，也是维护校园安全稳定的重要基础。高校辅导员要保持高度警惕性、敏感性、观察力和行动力，充分准确掌握学生的整体情况，在日常生活中注重对学生的法治意识教育，并且要不断提升自身防范事故发生以及应对化解突发校园危机的能力。

家庭和学校都是教育的主体，都负有教育的责任。打造完备畅通的家校交流渠道，建立制度化的家校沟通体系，能够充分发挥不同教育主体的功能，为立德树人创设良好环境。法治意识的养成既需要理念的培养和知识的传授，更需要环境的熏陶和行为的养成。家校共育，配合联动，能够将校内的知识传授、思想教育与校外的现实教育、行为引导进行有效融合和实时验证，是提升大学生法治教育实效性的重要方式。

一、案例介绍

2022年10月23日，辅导员接到校保卫处电话，通知辅导员立即带领本专业学生熊某至保卫处，并且未说明原因。

熊某，男，机电学院2021级学生，本地人，性格较为孤僻，与同学关系比较冷淡。基于此种情况，辅导员立即赶到教室，将熊某带到保卫处。在路途中，辅导员详细询问了熊某近期的生活、学习情况，并安抚学生情绪。

至保卫处后，辅导员被告知熊某涉嫌浏览、传播和贩卖暴力、涉恐视频，现有当地民警来校调查，需要对熊某进行问询。随即，民警便将熊某单独带到询问室进行问询，也暂时收缴了熊某的手机。与此同时，辅导员在经过民警的同意后，立即将此事汇报给学院党委书记、党委副书记，并同时和熊某家长取得联系，向家长告知事情的详细经过，安抚家长情绪，并叮嘱家长保持联系，随时跟进事态发展。当日上午11时许，民警结束对熊某的询问，并告知辅导员，熊某涉嫌浏览、传播和贩卖暴力、涉恐视频，需要带熊某至区公安局进行更为详细的调查。辅导员在汇报给学院后跟随民警和熊某一起到公安局，并告知了家长事件的最新进展。

中午 12 时许,辅导员和熊某跟随民警至区公安局,辅导员提出让熊某先吃午饭,休息一下,再接受进一步调查。民警同意后,辅导员带熊某在公安局食堂吃饭,并在吃饭的过程中安抚熊某情绪,告诉熊某要实事求是,配合警方调查。下午 1 时许,民警开始与熊某谈话。民警首先对熊某进行普法教育,在熊某阅读相关文件的时候,辅导员细心为熊某逐字逐句讲解法条的意义,并告诫熊某要认真学习、严肃对待,要自己对自己负责。此时,熊某向辅导员讲述了自身的家庭环境和成长背景。据熊某讲述,其父性格暴躁,有家暴习惯,经常打骂他,熊某的身心受到一定伤害。下午 3 时许,民警开始对熊某进行单独询问。辅导员立即与该生家长进行沟通,告知最新进展,并了解该生家庭情况。该生母亲表示,其父确实性格暴躁,但并无家暴行为,熊某与其父关系紧张属实。

下午 5 时许,对熊某的笔录结束,在征得学院和熊某家长的同意后,辅导员为其办理了取保候审。在警局门口,熊某的母亲和祖父已经等候许久,基于熊某的家庭情况,辅导员在征得学院和家长的同意后,将熊某带回学校,并叮嘱班干和熊某室友多多关心熊某。

次日,辅导员和学院党委副书记约见了学生家长进行了细致的沟通交流,详细地说明了事件的严重性,也强调了家庭环境对学生成长的重要影响,学生家长也表示会全力配合警方和校方的工作,今后也将改善自己的教育方法,尊重孩子的人格尊严。目前双方都要全力呵护学生身心健康,防止极端事件出现。此后,辅导员加强了对熊某的关注,鼓励他放下心理包袱,帮助他做好当下的事情。与此同时,辅导员也积极和家长沟通,引导家长多关心、多鼓励孩子,和孩子一起等待最终调查结果,共同面对应负的责任。

半个月后,警方向学校反馈,熊某虽无浏览、传播和贩卖暴力、涉恐视频的确凿行为,但还是存在一定不良影响。学院接到反馈后立即通知熊某家长,并召开学工处全体会议,通报熊某事件,决定给予熊某记过处分,并在全院开展专项普法教育活动,强化全院法治意识。但经此事后,熊某和父亲的紧张关系得到极大缓和,性格也变得开朗活泼起来,学习也更为刻苦,先后通过了全国大学英语四级考试和计算机二级考试,现正准备专升本考试,责任意识和法治意识有了极大提高。

二、案例分析处理

校方始终坚持以人为本的教育理念,既呵护学生,也教育学生;既坚持严肃纪律,也注重春风化雨。努力构建家校共育平台,剖析问题产生根源,共创良好的育人环境。

(一)迅速反应,稳定为本,掌握信息

事件发生后,辅导员并未采用打电话的方式,而是直接到教室找到学生单独说明情况,陪同学生配合调查,并在陪同过程中充分梳理信息,帮助学生平复情绪,调整状态。一系列应对措施都是基于稳定为本所开展的,基本消除了发生其他不可控事件的隐患,有效降低了事件扩大化的可能性。

(二)及时沟通,家校合作,把握主动

辅导员始终坚持"三全育人"原则和家校共育的理念,及时将事件的最新进展通报学院领导和学生家长。一方面保证了信息的畅通,方便学院把握整体情况,做出合理科学的研判,把握住事件处理的主动权;另一方面也安抚了家长情绪、赢得了家长的支持,深入地了解了学生的家庭环境,为后续的家校联合育人和对学生开展进一步教育夯实了基础。

(三)育人育心,刚柔并济,长远发展

事件发生时,辅导员全程关注学生的情感变化,陪学生吃饭、谈心以及共同学习法律,鼓励学生积极配合警方调查,强化学生的责任意识和对法律的敬畏意识,用教师的关爱之心帮助学生稳定情绪,防止意外事件发生。在了解到学生的家庭环境后,辅导员进一步开导感化学生,帮助学生缓解不良情绪。回校后辅导员和学院都给予学生足够的关怀,联合家长,共同帮助学生认识到错误,积极改正。警方调查结果公布后,学院立即对学生进行严肃处理,彰显了校规校纪的严肃性。对学生做出处理后,学院和辅导员进一步加强对学生的引导教育,提醒学生们以此为戒,改过自新,以全新面貌投入未来的学习和生活。与此同时,学院和辅导员积极和家长沟通联系,及时反馈学生情况,共同呵护学生成长。整个处理过程,刚柔相济,既有原则性,又有人文关怀,体现了以人为本的教育理念。

(四)以案促改,举一反三,法治育人

学院将此次事件作为切入点,在全院展开法治教育宣传,尤其是加强对学生了解不够全面的、重视不够深刻的、日常不够注意的法律法规进行宣传。学院为

此成立法治教育宣讲团,使用"引进来+强自身"的模式,夯实宣讲团的人才基础,精心选取典型现实案例,方便学生进行法治学习。一系列法治宣讲活动丰富了学生的法律知识,强化了学生的责任意识和权利意识,使学法、尊法、守法、用法蔚然成风,让法治观念深入人心。

三、工作思考和建议

该案例影响面大、涉及面广、原因复杂、可控性低,隐藏大量引发其他危机的风险隐患。学校在处理过程中始终坚持理性、客观的态度,及时干预、积极有为,既配合了警方工作,也安抚了家长情绪,掌握了主动性,更有效地对学生进行了引导教育。这充分彰显了学校坚持以人为本的教育理念,践行了立德树人的根本职责,展现了育人方式的温度、深度、力度。

(一)法治教育需持之以恒,防微杜渐

法治教育是一项长期性、系统性工程,需要春风化雨、润物无声,需要持之以恒、精耕细作。学校要坚持将法治教育作为常态化教育来开展,将法律知识和日常生活结合起来,重视预防、防微杜渐,一旦发现学生的不良行为,就要立即干预,及时引导,消除事件恶化的可能。学校要积极构建浓厚的法治氛围,用法治滋养学生思想意识,培育学生良好习性。

(二)育人育心需家校联合,凝力聚力

浇花要浇根,育人要育心。家庭和学校都应当在立德树人的过程中充分发挥教育主体的作用,加强交流、充分配合,形成育人合力,助力学生身心健康发展、成人成才。学校要全面了解学生的成长环境,分析学生各种行为的形成因素,尤其注意帮助学生走出原生家庭的思想桎梏,以积极乐观的精神面貌努力学习、开创未来。家长也应全力支持配合学校的育人工作,改进自身教育方式和亲子相处模式,为学生创设温馨、和睦的家庭环境。

(三)危机处理需安全第一,以人为本

校园突发危机事件的处理应坚持安全第一的原则和以人为本的理念,进行危机干预时需要及时、迅速、果断,充分考虑各种会导致危机扩大化或引发其他危机事件的可能因素,并做好应对处理。要以保护学生人身安全为最根本的底线,以保护学生身心安全、降低学生伤害为基本的追求,牢固树立以人为本的意识,为后续的教育措施建立基础和提供保障。

(四)立德树人需刚柔并济,持续关注

教育不仅需要充满关爱之心的春风化雨,也需要严肃理性的雷霆手段。教育学生应当刚柔并济,既要给予学生充分的关怀,也要让学生承担相应的责任,做到自己对自己负责。一味的呵护,养不成参天大树,合理正确、恰当适度的惩戒也是学生健康成长必不可少的要素。与此同时,教育者也应当抱有"无望其速成,无诱于势利"的超然态度,"风物长宜放眼量",持续关注学生,静待学生成才。

法治教育是培育合格公民、维护校园安全的必不可少的环节,筑牢法律意识不仅需要学校的教育,也需要家庭的引导。家校双方要形成共同育人的坚定共识,互相理解、坦诚以待、彼此信任、协同合作,共同建构全员、全过程、全方位的育人格局,使学生成为有理想、敢担当、能吃苦、肯奋斗的堪当民族复兴重任的时代新人。

做"实力派+偶像派"的学生干部

刘　佳

学生干部是学生工作的中坚力量,面对众多学生,每个辅导员都无法做到面面俱到,而学生干部与同学们朝夕相处,处于真正意义上的学生工作第一线。所以在工作中,抓住班级管理中的"关键少数"至关重要。学生干部在学业上和工作上有实力,才能在学生群体中有魅力,发挥"关键少数"的示范带头作用,成为"实力派+偶像派"的学生干部,架起学生与老师之间沟通的桥梁。

一、案例介绍

(一)现象一:学生干部重"政绩"、轻学习

学生 A,大二学生,高中成绩优异,大一开始担任班级主要学生干部(同时加入学生会),工作的积极性、主动性很高,经常为了工作而旷课,把大部分的时间和精力都用在组织各类活动上,上课时也思考工作,忽视了专业知识的学习,造成学习成绩下降。直到期末考试前,A 才意识到自己一学期几乎没有进行系统课程学习,学期初制订的学习计划几乎落空,成绩下滑十分严重,甚至出现补考和重修。这类学生干部有工作的动力却没有实力,学习成绩不理想,导致其在班级同学中的威信下降,缺乏在学生中的魅力。

(二)现象二:学生干部重学习、轻工作

学生 B,大二学生,高中成绩较为优秀,大学入学后只重视专业学习,把"学生干部"作为头衔、摆设,当作获取各类荣誉的筹码,而消极对待学生工作,造成工作处处被动,甚至出现贻误正事,造成无法挽回的损失。这类学生干部同样不能协调好学习和工作的关系,如果学生工作"逼"急了,往往陷入学习与工作均不理想的两难境地。

二、案例分析处理

大一和大二的部分学生干部无法适应专业学习与学生工作角色的转换,错误地认为工作能力的锻炼培养在今后的人生道路上特别是在择业过程中起着决

定作用,忽视了专业知识的学习,形成了重"政绩"而轻学习的思想。还有部分同学错误地认为学生干部是自己获取荣誉的资本,只要挂个名就行,对学生工作采取无所谓的态度。作为学生工作的重要一环,学生干部如果存在这种思想将会让学生工作陷入极大的被动。

在我所带的班级中,补考和重修的学生名单里总是能见到部分学生干部的名字。在对学生谈心谈话中了解到,同学们都希望学生干部首先应该是专业学习上的楷模,至少不能有补考甚至重修现象,只有这样的学生干部才可能在同学中树立足够的威信,才能真正成长为学生工作的骨干力量,成为辅导员的得力助手。

(一)通过激发班集体荣誉感形成自主学习氛围

在班团考核中,从班级学习情况、社会工作、科技创新、志愿服务等方面考核班级表现,以激发全体成员的班集体荣誉感,同时为班级评优评先提供参考依据。其中,班级学习情况纳入的比重占30%,从不及格人数比例,大学生英语四、六级考试通过人数比例,相对上一学年进退步情况,参加各类科创竞赛获奖情况等方面设定指标。这就督促了学生尤其是学习成绩不理想的学生潜心学习,回归正轨。经过实践,学生干部对专业学习的重视程度明显增加,出勤率明显增加,杜绝了一些学生干部拖后腿现象的发生。

在此基础上组织学生成立"小团队",这些团队包括"学风监督小团队""学生互助小团队"等。例如,在"学生互助小团队"成员中班委占一名,普通学生占六名,通过微信群相约结伴上课和自习,基本实现行动的一致化。既杜绝了迟到、早退现象,又促使组内成员相互督促、相互帮助、共同进步。

(二)不要轻易将"问题"学生干部从队伍中剔除

如果一名学生干部工作业绩很出色,但学习成绩不理想,就很难在同学中树立威信,在换届时往往会被调离出班干部队伍。这样不仅会挫伤学生干部的积极性和自尊心,影响班级整体干部队伍稳定,也会使班级其他同学产生"参与学生工作会影响学习"的错误认知。因此,在换届选举前,应先进行调研并与可能被调离的学生干部谈话,充分尊重学生干部自己的意愿,尤其是主要学生干部,若没有主动退出的想法,调整时应尽可能将其保留在干部队伍中,再根据个人特点重新进行分工。这样既为班干部保留了面子,最大限度降低心理失落感,又可促使他们意识到问题,学会如何处理学习与工作之间的关系。

（三）提升学生干部"学涯—职涯—生涯"规划能力

在学分制教育体制下，规划能力显得尤为重要。为了使学生干部更有效地利用时间，促进学业和社会工作同步发展，应从低年级开始引导学生干部进行学涯规划，明确大学不同阶段的主要任务，对在校期间的学习与活动作出合理规划；对高年级学生干部开设职业生涯规划指导课程，加强已经初步形成的规划能力，着手规划职业发展路径，为就业做好准备；最后，引导毕业班学生作出合理的人生规划，迈好踏入社会的第一步。

三、工作思考和建议

学生干部的身份首先是学生，学习是学生的天职。学业不佳的学生干部不仅无法实现全面发展，也无法在学生群体中起到模范带头作用。因此，创新与探索学生干部的管理理念和方法是提升辅导员工作实效性的重要途径，也是将辅导员从繁杂的事务性工作中脱离出来的有效途径。

在学生干部队伍建设过程中，可以引入管理学中的自组织理论，达到学生干部自我教育、自我管理、自我服务、自我监督的效果，充分发挥学生干部的主观能动性，运用一切可以运用的杠杆来调节，引导学生干部在各类教育教学活动中发挥自适应能力，处理好学习与工作的关系，善于抓住并妥善解决主要矛盾。

寝室里的"空巢青年"

管晓凤　刘　毅

2008年《信息时报》上发表的一篇文章中使用了"青年空巢族"的称谓,指那些面临毕业、出于找工作或其他原因而长期不在学校居住的大学生。此后,"空巢青年"逐渐成为各界广泛关注的一个话题。

当前,大部分学者认为"空巢青年"主要有以下心理特征:第一,以独居的生活方式为主,社交方式主要是网络互动;第二,独来独往,时间久了很容易滋生不良情绪,如孤独、焦虑等;第三,独立意识比较强,对社会有自己独到的见解;第四,缺乏情感寄托,孤独感、焦虑感、挫败感经常伴随着他们。学生宿舍虽然不具备独居的环境,但是在群居的生活中也有人被动或主动过着独来独往的生活,虽不"空巢"却"空心",进而导致寝室人际关系紧张。

一、案例介绍

某日,同一寝室的张某等3名女生一起来找我,要求把同寝室的王某调换到其他寝室。经询问,张某等3人一致反映王某在寝室不顾及他人感受,晚上很晚睡,总在别人睡着时才洗漱还发出很大声响,平时在宿舍听歌、看电影时也故意把声音放大。有时候,王某还会在未经别人许可的情况下,擅自使用他人的生活用品,如牙膏、洗发水、洗衣液等,和王某沟通过多次,但是她依然我行我素,现在大家和她的关系越来越糟糕,最近一见面就吵架,大家已经到了相互无法容忍的地步。在征得张某等3人同意后,我也联系了王某到场。张某等3人非常激动地诉说着自己的愤怒,并表示如果王某不搬离寝室,她们无法生活,而王某在听她们诉说的同时只是偶尔进行反驳,而且声音比较小,语速偏慢。

二、案例分析处理

寝室的矛盾表面上看似浅显,但由于矛盾日积月累,辅导员在调解的时候有一定的难度。调解前,应先通过班干、同学等从侧面掌握矛盾突出的寝室的基本情况,再分别认真倾听矛盾双方的想法,对矛盾产生的原因、范围及程度等信息作出综合判断,在此基础上进行矛盾调解并制定好相应的措施。关键是要解决好三个问题：影响寝室人际关系的因素有哪些？"00后"大学生的心理特点是什么？如何做好寝室矛盾处理的后续教育问题？

大学期间，寝室是学生除教室以外停留最多的地方，寝室生活不仅仅是日常生活的重要组成部分，也是大学生人际关系的基础所在。研究表明，"00后"大学生的人际边界感比"90后"甚至"95后"更明显，个别人认为自己是周围世界的中心，遇事先考虑自己的感受，进而变得自私自利，看不惯他人，不善与周围同学相处，人际冲突难以调解，导致寝室矛盾层出不穷。寝室矛盾事件几乎是每一位辅导员都会遇到的问题，对于此类问题，控制事态发展是第一要务，助人育人是根本出发点和落脚点。

（一）控制事态，安抚情绪

在寝室成员诉说整个事情经过的过程中，我首先做好一个倾听者的角色，和学生共情，站在她们的立场体会她们的心情。在整个倾听过程中，没有做任何的评判，而是鼓励她们把真实的想法说出来。当她们诉说完自己的想法后，都开始慢慢平静下来。我承诺会尽快处理这件事情，但是需要大家的互相配合，也希望她们能给我一点时间来妥善处理这件事情，而不仅仅是简单的调换宿舍。

（二）分别约谈，了解实情

整个事件过程中，都是3名同学针对另一人的控诉，无论谁对谁错，王某都处在弱势地位，所以非常有必要分别约谈，以便了解事情的真实情况，分析事件发生的缘由。于是我对寝室4人分别进行了谈话，通过心理教练的思维范式，采用平等的、分享式的、流动的对话，用一个想法邀请另一个想法，生成新的想法。在谈话过程中，引导她们自己反思：自己在这件事情中处理是否得当？是否可以有更好的方式去解决问题？在相处过程中是不是有融洽的时候？融洽是如何做到的？同时，我还找了班干部和她们平常交流比较多的同学来了解该寝室成员的平时表现和为人处世的相关状况。

（三）分析起因，还原真相

通过谈话和信息收集，我了解到刚入学的时候，该寝室4人之间的关系还比较融洽，但是随着时间的推移，王某与张某等3人由于性格、处事方式和生活习惯的不同所导致的矛盾逐渐显露，另外由于张某等3人来自同一个省，无形中抱团成为一个小团体，交往中逐渐疏离王某，有时候对王某刻意排挤，放大矛盾。而王某是独生子女，家庭条件一般，性格较内向，从小就被灌输竞争意识，有着较强的成功欲和自尊心,这在一定程度上加重了她的虚荣心,使她更加追求得到外界的认同,经常以自我为中心,不顾及同寝室其他人的感受。王某由于在寝室被孤立,内心更加孤独,加上外界也没有什么好朋友,有时候就会在寝室中制造一点存在感表示抗议,于是寝室矛盾逐步升级。

(四)引导回归,期待未来

在了解到寝室矛盾的真实情况和大家各自的错误所在之后,我再次将她们同时聚在一起,在班长和心理保健员都在场的情况下进行团体谈话。首先,让每个同学提出对方的 5 件自己完全不能容忍的事情,结果大家都不能列举出来;其次,让每个同学列举出自己在矛盾中做得不恰当的 5 件事情,结果每个同学都可以轻而易举地列举;最后,让大家列举对方 3 个优点,大家也很容易地完成了。我将整个寝室矛盾进行了详细分析,让每个人将所有引发寝室矛盾的事件进行换位思考,得出自己的处事方式,同时我也和大家分享了一些大学生日常人际交往的小技巧。经过一下午的团体谈话,寝室 4 人最终相互道歉,并决定回寝室后重新尝试相处。

三、工作思考和建议

寝室是高校育人环境中最基本的元素,关注大学生寝室人际关系的特殊性和重要性,对大学生成长成才有着至关重要的作用。面对寝室矛盾,辅导员在充当"消防员"及时"灭火"的同时,更应担负起建设者的角色,最终达到教育的目的。

(一)善于倾听,学会尊重

在寝室人际关系矛盾的处理上,我们要充分尊重学生,不能主观臆断、感情用事,不能以先入为主的观念影响自己,要本着帮助学生的态度,与学生在情感上建立一种朋友式的信任关系,客观公正地解决问题。在学生出现问题的时候,不能劈头盖脸地批评错误,而应该学会倾听,让学生愿意把自己的真实想法表达出来,这样才有利于问题的解决。而我们的倾听、尊重和共情,能够让他们感受到老师和同学的关心,很多矛盾往往就会在温情中化解。

(二)立足育人,加强引导

当下社会充满竞争,"00 后"学生有了新的特点,辅导员应该加强对学生的正面引导,化嫉妒为钦佩,化竞争为合作。可以基于实际工作积极开展寝室文化建设,以寝室为载体,组织丰富的团体竞赛活动,全面提升寝室凝聚力和向心力,显性教育与隐性教育结合,培养学生正确的交往技巧。改变学生一种行为不是工作重点,纠正学生的错误思维才是重点,辅导员要立足育人工作着力点,引导学生树立正确的三观,促进学生身心健康发展。

(三)授人以渔,直面成长

教育和管理是为了促进学生的成长成才。培养良好的人际交往能力不仅是每个学生必不可少的技能,更是将来适应社会的需要。面对学生人际交往障碍问题,我们在解决问题的同时更应教会学生各种人际交往和为人处世的技巧,帮助学生补齐短板。

(四)心理团辅,拉近你我

以宿舍为阵地,邀请心理咨询中心的专业老师开展一些能够拉近宿舍成员心灵距离、融洽人际关系的心理团辅活动,让大家学会如何互相理解、互相尊重和互相依靠。通过团体心理辅导和咨询,可以将更多更大的由寝室人际关系问题衍生的心理隐疾消除在萌芽状态。

宿舍分群闹矛盾，对症下药解纠纷

程丹红

宿舍对于大学生来说，是极其重要的场所，对大学生的身心成长发挥着至关重要的作用。宿舍成员存在着性格不同、成长环境不同、价值观不同等差异，因此在宿舍中不免会出现各类矛盾。而研究生相较于本科生来说，学习生活方式更加灵活，个性更加明显，室友间沟通交流的机会更少，因此更容易产生矛盾，解决问题的难度也随之升级。

一、案例介绍

研一男生 A 和 B 一起来到我办公室，诉说寝室矛盾问题并要求调整宿舍。A 和 B 认为室友 D 不合群，且作息时间（起得太早）、睡觉习惯（睡觉说梦话）及生活习惯（走路声音太大）严重干扰了寝室其他三人的睡眠，他们试图和 D 沟通时，D 不予理会，宿舍氛围比较紧张。近日因为 A 和 D 开玩笑提到往年某大学生宿舍伤人事件，D 的反应有些反常，让他们感到不安，希望调换寝室以解决问题。宿舍成员主要情况分别为：

A：对 D 意见最大，觉得 D 作为班干部（学习委员）在说话和处事上不合群，例如，当 A 呼唤 D 时，D 态度冷淡不予理会；D 不讲卫生，垃圾随意丢弃且上床时不顾及下铺的 B，不脱鞋直接踩着 B 的床榻上去；D 早上起得太早，且动静比较大，吵醒了其他室友；D 半夜喜欢讲梦话，且声音大，影响 A 睡眠，A 表示近一个月都睡不踏实，影响白天学习，觉得 D 是因为压力过大导致说梦话，建议其去看心理医生。A 和 D 开玩笑，担心他压力过大，会对室友做出伤害行为，D 淡定表示："那可说不定。"A 觉得很害怕，不敢跟 D 住一个宿舍。

B：与 A 本科时即为室友，且两人都属本校升学，关系密切。开学初，A 和 B 就要求更换宿舍，想要和以前的室友一起住。B 性格比较温和，直言一直在忍耐 D 的行为，也一直想和 D 正面沟通，但是 D 拒绝。

C：也属本校升学，没有过多的不满情绪，只觉得和 A、B 交流较多，更喜欢和他们相处。

D：外校考入本校，因家庭经济条件，平时多在外兼职，且进校时表明自己目标明确,想要赚钱和独立,认为宿舍这些事情都是小问题,并不觉得自己不合群,也不把这些放在心上。

二、案例分析处理

此案例发生在研一宿舍,加之宿舍成员因性格、生活习惯、价值观等存在差异而引发宿舍矛盾,造成宿舍成员之间人际关系紧张,故此案例为新生适应性问题和宿舍人际关系冲突问题。

在新的生活环境、生活方式和人际关系环境下容易产生适应不良等情况。案例中的 A 习惯于和本科的室友建立亲密的朋友关系,而 D 为外校考入新生,加之其本科期间与室友的关系本就冷淡,两者对于室友关系的需求不同,因而面临着适应危机和压力。究其原因,有以下几点。

一是家庭经济条件和成长环境存在差异。如果宿舍中有与自己经济状况和成长环境相似的同学,那么彼此之间的距离就会迅速拉近,反之则会有一定的距离感。A 是浙江人,是家中的独生子,从小在父母的庇护下长大,家境较好,习惯以自我为中心,有一定的优越感。而 D 则家庭经济条件很一般。

二是生活习惯和个性爱好存在差异。在当今开放多元的大学环境中,学生来自五湖四海,地域不同会导致生活习惯存在差异。同时,研究生思想已成熟,各自有不同的追求,这些差异使得学生在集体空间生活时容易产生摩擦和矛盾。A 性格外向,平时跟室友及同学都称兄道弟,且在寝室待的时间较长,和其他室友之间关系较为密切,平时习惯晚睡;D 平时独来独往,兼职家教,性格独立要强,平时基本只有睡觉时间在宿舍,生活作息比较规律,习惯早起。

三是缺乏有效沟通以及心理不够成熟。宿舍矛盾最终的爆发往往是因为成员之间缺乏有效、真诚、理性的沟通,且沟通过程中易出现言语过激,导致不信任和不理解被放大,最终造成争吵,往往因为一时冲动促使矛盾升级。A 和 D 之间因为作息时间、性格等各种因素导致沟通不畅,不利于解决宿舍矛盾,同时双方在处理关系时,都更多地关注了自我的感受,而忽略了他人,冲突也是情理之中。

本案例的解决思路是通过"望闻问切"四步法,把握关键要点,解决宿舍人际关系问题。具体如下。

（一）深入洞察"望"脸色,找出矛盾来源

为了进一步掌握更多的信息,在问题处理前我先后与宿舍四人、A 和 D 所在班级的学生干部，以及其所在课题组、周边宿舍的同学进行了集中和单独谈话，了解了宿舍成员各自的性格和矛盾的由来，对宿舍矛盾进行了分析，发现都是比较琐碎的事情，而且两人性格不同，对各自的要求不同，从而积累矛盾，其间又没有进行有效沟通。

（二）认真聆听"闻"心声，倾听各自委屈

对主要矛盾双方逐一进行谈话，按照"情感认同—矛盾否定—情感认同"的思路，倾听各自内心的苦楚和委屈。在谈心谈话中，A 表示自己热情地与 D 打招呼，D 要么是冷淡不予回应，要么表示以后没什么事情不要叫他名字，而且每次尝试要和 D 沟通其晚上说梦话干扰他人睡眠时，都被 D 拒绝。D 表示 A 每次叫他都不说具体事情，他不喜欢这样的交流方式，而且对于自己说梦话一事也很无奈，无法自控，才习惯性采取置之不理的处理方式。在情感上感同身受的同时，我肯定了 A 主动沟通解决问题的方式，也理解 D 关于说梦话一事的无奈，但也指出二者人际交往及沟通中的问题所在。

（三）真情沟通"问"难处，解决实际问题

不能轻易下结论谁对谁错，如果只是为了单方面平息事件而满足 A 调换宿舍的要求，就达不到解决宿舍矛盾的预期效果。在与 A 的谈心谈话过程中，结合自身感悟分享一些同类事件的处理方法，并指出作为研究生，每个人的经历与目标不同，不能一味用本科阶段的方式处理寝室关系，要学会适应新环境，接受更加成熟有个性的室友和同学，并要学会优化自己的沟通方式，不要激化矛盾。在与 D 的谈心谈话中，了解 D 在读研期间的规划后，我肯定了其自立自强的意愿和行为，但批评了他作为班干部和寝室长的失职，以及处理问题的方式欠妥，指出他一些生活习惯的不当，使他认识到自身的问题。

（四）精准把脉"切"重点，化解双方矛盾

解决宿舍矛盾需要把宿舍全体成员召集在一起进行当面调解，在一对一谈心谈话后，我召开了圆桌会议，将四个人召集在一起，开诚布公地把事情说明白，理清矛盾所在，打开心结。让他们讲述"我心中的室友""寝室的故事"，以此来加强交流，增进感情；组织"忌讳头脑大风暴"会谈，让每人畅言自己当地习俗，说出自己不喜欢的交往方式。通过大家的发言和集中讨论，四人达成共识，并制定了《舍纪舍规》，调换宿舍的想法暂时搁置。

三、工作思考和建议

要重视研究生宿舍人际关系问题和心理健康状况。对于研究生来说,除了来自不同地域、存在不同生活习惯之外,还归属于不同班级、党支部、系所、课题组等,角色分属较多,科研压力较大,但宿舍是他们在科研学习之外最直接也是最放松的人际交往场所,如果归属感不强甚至产生人际冲突,会给心理造成很大压力。应多走访研究生宿舍了解学生的生活状态和心理状态,适当开展一些减压活动,培养研究生养成良好的抗压能力、适应能力、人际关系处理能力等,为其科学研究工作的顺利开展营造良好的环境。

"21 天文明寝室打卡"

——学生网络社区建设初探

吴 婕 刘 通

宿舍是大学生学习、生活和娱乐的主要场所,既具有社区的地域属性,也具有自身的特殊性。随着社会发展,高校学生宿舍社区化的趋势愈发明显,学生的主体地位得到凸显,很多学生宿舍关系紧张的问题往往可以通过社区管理服务手段有效化解。因此,本案例以解决宿舍成员之间的矛盾纠纷为切入点,从适应学生主体需求的角度探索建设学生网络社区路径,进而提升思想政治教育实效。

一、案例介绍

2022 年 9 月,初入大学的小刘(化名)在自己的个人社交平台发布了一条新动态"we are 伐木累,感谢兄弟们为我庆生",配图是宿舍的四位成员用自己的食指和中指比了一个四角星,四角星的底下是一块生日蛋糕。

一个月前,小刘还是一位对宿舍舍友十分不满的"小愤青",常常下课后来我办公室找我哭诉:"辅导员! 什么时候可以给我换个宿舍呀?"小刘在宿舍里年纪最小,平常喜欢看动漫和玩手办,由于晚上总是熬夜看动漫,基本上白天没事就在宿舍睡觉,是一个十足的"宅男"。他平时在宿舍"玩耍"时间较多,因为作息时间的冲突经常和室友发生矛盾;加上刚上大学没有了父母的督促,自控能力弱,小刘对自己的个人卫生方面也不是很在意,常常不倒垃圾、不洗澡,室友为此也叫苦不迭,纷纷要求他搬离宿舍。但小刘认为自己正常交纳了住宿费,有权利决定什么时候睡觉、倒垃圾。三个室友为此也找过我多次,反映小刘的个人习惯问题,并采取了反击措施,趁小刘睡觉时刻意发出声响,并在宿舍日常生活中孤立小刘。

小刘为此很是烦恼,感觉自己被抛弃,想去和室友沟通,苦于没有沟通渠道,同时大家产生了敌对情绪,面对小刘的善意毫不理会。这个月初,小刘时常情绪崩溃,晚上偷偷在被子里抹眼泪,产生厌学情绪,在学院期中考试中,小刘两门专业课考试均不及格,因此产生了退学的念头。

二、案例分析处理

在大学校园中,像小刘这样的问题时常发生,表面上看,这类问题产生的原因是宿舍成员来自五湖四海,成长经历、个人习惯、性格兴趣的不同,使宿舍成了"事故多发地"。尤其是刚入学的新生往往第一次脱离家庭的束缚,在没有父母管束的情况下,如何养成良好的个人生活习惯成了难题,导致学生宿舍环境氛围普遍糟糕,成了育人环节的"重灾区"。但是,产生此类问题更深层次的原因应从学生社区整体建设的角度分析,主要有以下几点。

一是文化支撑缺乏深度,社区氛围未形成。学生社区文化育人理念相对滞后,没有清晰的社区文化建设规划和统一的文化价值观念,这导致了学生在社区中缺乏共同的文化认同,也难以形成强有力的文化支撑体系。其次,随着全球化科技和大众传播媒介的发展,高校学生所接触到的信息呈现出快速增长的趋势,其中涵盖了来自不同文化背景和价值观的外来信息。这些信息的涌入不仅在学生的校园价值观上产生了显著的冲击,同时也对个人的价值体系和思辨能力造成了深远的影响。

二是管理模式缺乏温度,学生参与感较低。学生社区管理上重管理轻服务,很少能做到以服务替代管理,社区服务建设规划性不强,形式单一、内容枯燥,系统性差,针对性弱,没有突出以学生为本的核心理念。同时,目前的高校社区管理体系仍然以教师为核心,学生仅在配合教师活动方面发挥了辅助作用,作为极具主场建设感的"00后"一代,他们的参与度和地位仍然处于被动从属的状态,在学生社区管理层面的参与度不够充分,难以在学生社区管理中发挥主观能动性,无法起到学生自我管理、自我教育、自我服务的效果。

三是育人力量缺乏厚度,育人合力较弱。学生社区建设应由各个部门以及各个育人环节承担相应职责,在育人工作中发挥协同优势。然而,现实情况往往是辅导员或班主任负责此项工作,"单打独斗"的局面是常态。任课教师、行政人员、服务人员没有充分发挥协同育人的积极作用,存在各自为政的现象,难以形成育人合力。同时,在学生社区管理模式上,往往存在管理重叠、权责不清、多方推诿等现象,很难将社区服务下沉到实处。

针对上述原因,本案例的解决思路是在解决小刘的宿舍矛盾问题和个人自制力弱问题的基础上,充分利用新媒体、新载体,开展学生社区网络育人模式探索。具体做法如下。

（一）谈心谈话，解决矛盾焦点

在日常工作及生活中，应用有效的谈心谈话帮助学生打开心结、解决问题，是辅导员的职责所在。本案例中，学生由于自身习惯问题加上没有合适的沟通渠道，导致与宿舍舍友关系破裂，并衍生出一系列问题。此类情况下，首先要与宿舍每个成员进行谈话，促进师生之间相互理解和信任，在这一过程中，重要的是倾听学生的想法和感受，并尽可能地理解他们的立场，而不是过早地站队，避免矛盾进一步激化；其次关注该宿舍学生的心理需求，及时向心理咨询中心寻求专业帮助，对学生情绪因势利导；再次坚持资源取向，积极为学生提供必要的支持和帮助，尽可能满足他们的需求，在此基础上创造一个良好的沟通环境，让学生能够自由表达情感和思想，有利于合理化解其心理压力；最后采取正面引导的方式，发挥学生群体的朋辈力量，使他们能够利用正面的影响力，帮助学生解决课业学习等实际问题，促进学生自我成长和发展。

（二）21天行动，开展习惯养成计划

在行为心理学中，人们把一个人的新习惯或理念的形成并得以巩固至少需要21天的现象，称之为"21天效应"。基于此，我组织策划了"21天文明寝室打卡"挑战活动，积极组织各班成员参加，通过网络社区的形式，架起学生之间沟通的桥梁，拓宽育人领域新阵地。邀请小刘作为活动学生评委，一方面使小刘主动接触和接受新同学，强化参与感；另一方面，引导小刘和其室友积极参与打卡挑战活动，打破宿舍僵局，促使宿舍成员一起打扫卫生、布置场地，室友们通过活动看到了小刘的改变，愿意主动增进彼此之间的了解，最终解决了宿舍矛盾问题。此外，通过"21天文明寝室打卡"活动，极大增强了学生们的宿舍文明建设热情，优化了网络社区育人服务的新思路、新模式。

（三）打造网络社区，形成多方位育人体系

鉴于"21天文明寝室打卡"挑战活动的良好反响，我积极总结经验做法，进一步形成了学生网络社区建设方案，探索推进网络平台与学生社区管理相融合的网络育人机制建设，设计优化校园新媒体平台与学生社区管理相结合的新型活动，从服务和活动形式方面对网络社区平台进行全方位赋能。一方面，采取整合性思维理念，让学生网络社区与宣传相结合，聚焦安全、健康、诚信等主题，开展各种丰富多彩、形式多样的网络打卡、网络征文等活动，利用网络社区平台让育人功能得到最大程度的发挥；另一方面，依托网络社区搭建社区学生管理工作架构,有效借助网络平台实现师生实时互动,扩展包括公告栏、群组讨论、在线聊天、失物招领等形式在内的网上交流空间,传播正能量和主流好声音,充分发挥朋辈示范引领作用。

三、工作思考和建议

(一)推动理念转型升级,优化社区管理模式

加快网络社区建设理念转型,加强网络社区的管理与服务建设已经成为高校开展思想政治教育的新途径。这就要求全面落实以学生为本的理念,想学生之所想,急学生之所急。同时,在学生社区管理形式创新上,借助网络社区信息化的特点,使社区管理形式网格化,这既能及时掌握社区学生的思想动态,确保学生社区的安全稳定,也能丰富网络社区育人功能,增强学生参与社区自治的意识,提升学生在网络社区中的主导地位,将学生网络社区打造成为新型学生管理、服务及育人的重要场所。

(二)推动服务角色下沉,强化社区育人力量

随着时代发展,高校学生社区服务管理也应该更加趋于高效、快捷。要充分发挥网络社区全方位、针对性强的优势,增强学生管理工作的针对性和实效性,创新工作理念和方法途径,使学生活动更具有便捷性,增强学生体验感。同时,通过网络社区,提升学生参与活动的主观能动性,促进师生联系交流,更有助于管理者通过网络社区渠道及时获取学生的各项动态信息,对突发事件进行及时有效的干预,进一步减少校园安全隐患的产生。

第四篇
守好心理线：心育花开

　　一个微笑，拨开氤氲雾霭，明媚整个心房；一句倾诉，叩开闭锁心扉，架起沟通桥梁，打开闭锁门窗；一阵感动，开出似锦繁花，期待春天到来。大学生的心理防线一直是辅导员用心守护的关卡，在促进学生释放个性、施展才能的同时，也需要注意学生的心理变化。这就要求辅导员要贴近学生，设身处地同学生深度对话，帮助学生打开心扉，诉说情绪。此外，时刻关注学生所处环境、学习状态、家庭情况，第一时间掌握学生动态，避免因心理问题产生严重后果。让耐心引导和关怀体贴温暖寒夜，心育花开，芬芳满园。

他身体里住着"她"

黄培凤　胡国庆

性别认同障碍(GID)者是指无法认同自身生理性别,并且有强烈持久变更性别想法的人。主要包括采取变性手术已经变更生理性别的人(即变性人),也包括未采取变性手术可能存在异性装扮癖好的人(即异装癖者)①。其中生理性别为男性,自认为女性,想要改变生物性别为女性的被称为 Male to Female(MTF);生理上为女性,自认为男性,想要改变生物性别为男性的被称为 Female to Male(FTM)。② 性别认同障碍者比较少见,高校辅导员需要给予这类学生更多理解,持续跟进关注,引导学生顺利融入校园生活。

一、案例介绍

小 A,男,广东人,大一学生。其父亲是警察,母亲是社区图书馆工作人员。小 A 自 10 岁开始出现性别认同障碍,自认为是女生,讨厌男儿身,一直穿女装,但世俗不允许他这样做,他处于极端矛盾中,感觉很痛苦。初二时小 A 突然拿出一条日系超短裙,从这时起父母发现他不太对劲,开始重视起来,带他看医生,但不见成效。高二时小 A 和父母讨论做变性手术的事,与父亲发生激烈冲突,离家出走了一个月,后被母亲找回。渐渐地,父亲接受了他女生装扮的事实,但仍不同意孩子做变性手术。心理咨询师诊断该生意识清楚,有性别认同障碍,其他心理方面正常。家人多次带他去医院就诊,仍不能改变其性别角色认知,目前家长对其情况予以理解。开学时,小 A 和父母一起来学校报到,该同学长发、身材瘦弱、穿日式女装、皮肤细腻、说话慢声细语。因无法适应宿舍集体生活,小 A 已经在校内租房单独居住。

二、案例分析处理

小 A 性别认同障碍的原因未查明,心理咨询师高度怀疑是生理上的因素所

---

① 张迎秀.结婚制度研究[M].济南:山东大学出版社,2009:23.

② 张伟.转型期婚姻家庭法律问题研究[M].北京:法律出版社,2010:11.

致,如性染色体异常、肾上腺皮质增生、真假两性畸形等,父母曾想让他做染色体鉴定,由于小 A 拒绝而无法查明,其他的身体指标均正常。通过与其父母和本人的谈话得知,小 A 是独生子,是家族同辈里唯一的男孩子,但他与家族同辈的女孩子来往不多。从小到大一直由母亲养育,父亲由于工作原因很少与他接触,父亲的教育方式比较粗暴,在小 A 的眼中男性都是粗鲁的,他不愿和男性相处,每次有事就联系母亲。目前无法确定小 A 性别认同障碍的原因,可能是生理原因,也可能是后天环境因素。考虑到各方面治疗对性别认同障碍者的干预效果不佳,我们能做的是帮助小 A 融入班级,适应大学生活,开始新的人生篇章,并协助小 A 制订大学四年规划,使其顺利完成学业。

(一)走进学生宿舍,关心学生生活

开学报到时,我带他走进男生宿舍,发现其手捂口鼻,言行举止间表现出对男生宿舍的厌弃。为此我私底下跟他的舍友说了小 A 的情况,希望他们多理解包容。报到三天后他主动联系我,说自己三天没洗澡了,想在我的房间洗澡。我问清楚情况后给他安排了洗澡的地方。小 A 认为男生很粗鲁,不愿意和男同学过集体生活,所以他想在校内租房居住。在征得了他的父母和上级领导的同意后,我向小 A 推荐了合适的房源,顺利签了住房合同。租房居住后我多次前往其房间找他谈心谈话,告知他独居需注意的安全事项,了解其生活中遇到的问题并想办法帮忙解决。目前他一切稳定,较好地适应了大学生活。

(二)发掘学生特点,激发学习兴趣

小 A 对数理化很感兴趣,尤其是化学,我鼓励他努力学习专业课,多与任课老师交流。但小 A 的英语基础很差,只有初中水平,我单独找他说明大学英语课程成绩的打分规则,说服他平时上课提前到,课上积极回答问题,争取平时成绩拿到满分,另外安排了跟他关系好且英语不错的同学带他一起学习英语。小 A 向我透露了考研的想法,但国内考研英语为必考科目,英语是他的短板,他很担心。通过交谈了解到他高考参加的是日语考试,日语成绩很好,于是我鼓励他考虑出国深造,他与父母沟通后得到了父母的支持,目前在积极准备去日本读研的事项。此外,无意间我发现小 A 精通办公软件,原来他从幼儿园开始就接触计算机并打下了很好的基础,于是我委托他为辅导员助理,经常让他来办公室协助我处理一些工作,顺便问他的近况并时常赞扬鼓励他,他的成就感越来越强,更乐意为班级做事。

(三)跟踪学生动态,定期互动交流

关于小 A 性别认同障碍的问题,征得本人同意后,我联系了学校心理教育中心对他进行心理咨询,倾听小 A 内心真实的想法。女同学误以为他是女生,跟他走得近,这让他感到内疚和不安,而他一直默默地关注变性的相关事宜,强烈渴望做变性手术,更加剧了他的焦虑。考虑到短时间内消除性别认同障碍的可能性不大,所以我们持续跟踪小 A 心理动态,定期与小 A 谈话,关注他的心理变化,做到真诚对待、耐心倾听、理解接纳,以赢得他的信任。定期谈话让小 A 感受到辅导员时刻在他身边关爱他、相信他、接纳他、帮助他,让他放下心理负担,减轻了心理压力。在他自愿的基础上,每周二晚上安排他参加学校心理咨询中心开展的"相约星期二"心理沙龙。另外我安排班长和心理委员及时关注他的动态,并给予力所能及的帮助,有任何异常情况第一时间向我反映。

(四)形成家校合力,共促学生成长

针对小 A 的在校表现,我定期与家长取得联系,将小 A 的情况反馈给家长,希望家人多关注他的心理动态,多倾听他的想法,尊重他、理解他、接受他,每次与家长的通话,都会在工作笔记中记录下来,以便后续开展工作。从家长处多了解小 A 的过往和病史,以期找出小 A 性别认同障碍的根源。家庭和学校共同对小 A 的学习生活进行督促,引导帮助他做好职业生涯规划。同时鼓励督促小 A 与家人经常沟通,也说服其父亲多参与孩子的成长。

(五)消除冷漠歧视,重拾生活信心

我发现小 A 如厕去的是女厕所,多次找他谈话,仔细分析了其中利害,强调其生理是男性,只能去男厕,去女厕会给其他人带来困扰,并且会给自己带来流言蜚语,最后与小 A 达成共识,他不再去女厕所。小 A 性别认同障碍的事很快在学院里传开了,闲言碎语扑面而来,他面临巨大的压力。我让同学们私底下不要言语嘲讽,班委主动地接近他,邀请他参加活动、提醒他上课时间;安排党员骨干一对一帮扶援助,切实解决他的困难;有时我也会邀请他一起去食堂吃饭或者带饭去看他。经过多方的携手努力,小 A 逐渐感受到别人的接纳理解,对学习生活充满信心,目前他积极参加学校组织的各种活动。

三、工作思考和建议

性别认同障碍罕见,其形成原因极其复杂,辅导员要对出现异常行为的学生给予更多的理解和关注,善于发现学生潜在的问题,加强分析研判,汇集多方力量,及时妥善处理,防范、化解风险,勤于反思总结,提升工作效能。

（一）健全工作机制，形成育人合力

本案例中，全方位、全过程地掌握情况是帮助学生解决心理问题的前提。因此，在辅导员工作中首先要注重建立"宿舍—班级—学院—学校"四级联动机制，完善信息反馈渠道；其次，要充分利用好班委和党员队伍，加强对心理保健员、寝室长的培训，增加他们的心理知识储备，让他们成为自己强有力的助手；最后要形成育人合力，与家长和学校相关部门联合发力，共同针对学生的问题协商解决之策。

（二）及时发现隐患，持续跟进解决

"治疾及其未笃，除患贵其未深"。出现问题如果不及时发现解决，可能会造成严重后果。外在行为表现是一个人身心健康状态最直观的反映，一个人的行为不同寻常，反映出其可能存在生理或心理健康问题。本案例中的小A夸张的女性装扮是其性别认同障碍的明显特征。作为辅导员，要想发现学生问题，就要从细微之处观察学生，从学生一举一动、一颦一笑中敏锐地觉察学生的身心变化，一旦发现有行为异常的学生，应多给予关注，全方位持续跟进。

（三）坚持对症下药，确保精准帮扶

学生的心理问题大致可分为发展性心理问题、适应性心理问题和障碍性心理问题三大类，发展性心理问题关键在引导，重点在关注；适应性心理问题需要自身改变，重建平衡；障碍性心理问题关键在及早发现，重点在治疗。① 因此，面对学生心理问题时，要做到具体问题具体分析，反对"一刀切"、千篇一律等解决方式。同时以点带面，突出重点和一般性教育，把心理健康教育融入思想政治教育中，开展深入细致的思想政治教育活动。

（四）提升自我修养，引领学生成长

在日常的学生工作中，辅导员要养成善于思考和总结的习惯，掌握日常工作问题的筛查办法，注重经验总结，形成有效的处理预案，如此才能对症下药，有针对性地为学生解决困难。辅导员还需树立终身学习的观念，增加知识储备，提升自我修养，完善自我人格，进而在日常的学生工作中，树立正面形象，正确引导学生，一举一动做好示范，在潜移默化中影响学生，助其成长成才。

---

① 訾同超. 用爱助力学生成长——高校辅导员工作案例分析［J］. 法制与社会, 2019（18）: 205-206.

别让"秘密"耽误治疗

夏圣伟

精神分裂症的感知觉障碍可出现多种感知觉障碍,最突出的感知觉障碍是幻觉,包括幻听、幻视、幻嗅、幻味及幻触等,其中幻听最为常见。思维障碍是精神分裂症的核心症状,主要包括思维形式障碍和思维内容障碍。思维形式障碍是以思维联想过程障碍为主要表现的,包括思维联想活动过程(量、速度及形式)、思维联想连贯性及逻辑性等方面的障碍,其中妄想是最常见、最重要的思维内容障碍。最常出现的妄想有被害妄想、关系妄想、影响妄想、嫉妒妄想、夸大妄想、非血统妄想等。

一、案例介绍

小梦(化名),女,在入校心理测试时疑似存在心理问题。辅导员与其交流谈话,发现该生思想较为成熟,对未来规划有着充足准备,对所学专业的分流方向均有所了解,并对学院其他专业的就业方向与自身专业做出对比分析,除话语较多外未发现疑点。

随着入学时间的增加,小梦逐渐做出许多异常行为,导致室友、班干部等屡次反映该生情况。室友反映小梦有时会坐在床上凝视着床下的她们并莫名傻笑;有时会找麻烦似的与室友争吵并踢蹬垃圾桶、卫生间房门,疑似有暴力倾向;有时会偷用他人物品且拒不承认。班干部反映小梦在班委开展工作时总能找出各种奇怪的理由推诿,并且一言不合就辱骂他们;有时在报名参加活动时,小梦未经他人允许填报他人信息,导致班级管理工作出现差错。

进入大二后,小梦脾气越发暴躁,曾怀疑室友盗窃其财物,警方排除室友嫌疑后质疑警察身份真伪并进行辱骂;去理发店进行头发护理后认为并未完成该项目而拒绝付款,理发店老板联系保卫处后,小梦拍摄视频声称老板叫人围堵勒索她。辅导员针对问题与小梦沟通,她不仅拒不承认还将问题引向他人,列举其他同学莫须有的问题,认为同学们联合起来对她不善,自己是被针对的弱势群体。

让青春走向未来
——新时代高校辅导员工作案例选编

二、案例分析处理

精神分裂症是一种具有遗传基因的疾病,外界环境的刺激会对病情造成一定影响。精神分裂症的表现有:自知力障碍、思维逻辑混乱、情感淡漠、生活懒散、活动减少、行为孤僻,严重情况下会出现幻听与被害妄想。

本案例中,小梦性格偏执,加之高三时学业压力过大等原因诱发了精神分裂症。其症状初期主要表现在自知力障碍、思维逻辑混乱,无法与他人很好地沟通;中期时生活懒散、活动减少、越发孤僻,时常将自己关在宿舍床罩中,不与人沟通;后期出现被害妄想,认为室友盗窃,有人假冒警察,许多商家骗她钱财等。

探究该现象的原因:一是学生怕"秘密"泄露,隐瞒事实,小梦与家长担心学校拒收或遭到歧视,约定共同保守患有精神分裂症这个"秘密";二是学生怕"秘密"泄露,擅自停药,我从医生处了解到此类疾病擅自停药会导致不可逆的损伤,小梦已是第二次停药,若出现第三次停药,情况严重时会出现药物也无法维持正常思维的情况;三是学生怕"秘密"泄露,拒绝交流,活动减少,越发孤僻,时常将自己关在宿舍床罩中,不与人沟通。

本案例解决的思路要把握三个重点,其一是建立家校之间的信任,打开"秘密";其二就是建立与小梦的信任,正视"秘密";其三就是家校联动,消除"秘密"。具体如下。

(一)打开"秘密"——敞开心扉,认识问题

多次与小梦谈心谈话,到小梦宿舍、理发店、保卫处调解矛盾,建立信任关系,随即引导她前往学校心理咨询中心。经分析,咨询师认为该生在入校前已确诊,入校时正服用药物,在药物作用下难以发现异常现象,但精神类药物都伴随着副作用,如嗜睡、易胖等,离开家长监管后,小梦出于抵触心理擅自停药,导致病情复发的可能性较大。

(二)正视"秘密"——正确引导,处理问题

在心理咨询中心的帮助下,引导小梦的家长认识到精神分裂症的严重性。原来高三时小梦就曾经进入精神卫生所住院治疗,该院医生建议小梦高考后隐瞒病情,避免学校会歧视此类学生甚至取消入学资格,遂一致决定共同保守这个"秘密"。

（三）消除"秘密"——家校联动，解决问题

陪同小梦和她家长前往医院进行复查。经医院谈话及全面检查，认为该生确为精神分裂症复发。查询其第一次就诊医院，为同行类医护水平较低的医院，治疗方法与用药均不够妥当，这也是导致该生复发的原因之一。经家、校及医院三方沟通后，为其办理休学手续并住院治疗。在此期间，持续与其家长及医院保持沟通，了解该生治疗情况。

三、工作思考和建议

（一）第一时间了解情况，及时处理

一是对于有攻击性的学生，需第一时间了解后告知家长危害性及病情严重程度，以免伤及学生自身及他人，劝其及时就诊。二是对于有自我伤害倾向的学生需进行"人盯人"式看护，防止意外发生并联系家长送院治疗。三是做好学生与家长工作，莫因害怕受到歧视而保守"秘密"，只有实事求是才能采取更好的措施，帮助学生完成学业。

（二）加强学生及家长心理知识普及

家长是学生的第一任教师，也是影响最大的因素。心理知识的缺乏会使学生对精神疾病感到恐慌，从而导致其受到更多的刺激产生恶性循环。多数家长普遍认为精神疾病会对孩子造成伤害，并将此观念不断灌输给孩子，时刻让其三缄其口，导致育人工作难以正常开展。辅导员在日常工作中应自觉学习和掌握心理健康教育的知识与技能，结合常见的学生心理问题及案例，对学生及家长进行宣讲，消除学生和家长对病情的恐惧，积极参与治疗。

（三）建立预防机制，早发现、早干预、早治疗

心理危机干预关键在预防，心理测试异常的学生应列为重点关注对象，建立"宿舍—班委—辅导员—学院—学校心理咨询中心"联防机制，层层关注、层层反馈，及时发现学生中存在的异常现象，打早打小，及时处置，将问题消灭在萌芽状态，避免恶性事件发生。

远离"emo"情绪，走出思想误区

纪佳雨

近几年来，"emo"一词风靡网络，当人们说"emo"的时候，到底在表达什么呢？通常来看，"emo"是在表达一种抑郁的情绪，负面情绪就像心灵感冒，很容易传染，尤其在网络上，传染速度更快。

大学生群体由于校园内特殊的竞争环境以及学习压力、未来就业压力等诸多因素影响，其心理负荷往往比我们想象的要大得多，因而他们的心理健康方面出现这样或那样的问题也就在所难免，其中抑郁症就是经常发生的一种。高校辅导员是最基层的学生工作者，对正处于青春期、刚刚迈入成年大门的大学生群体的心理健康成长发挥着非常重要的作用。在新形势下，辅导员只有不断探索贴合学生实际的心理健康教育方法，不断提升自身素质，做好学生的心理指导和调节工作，才能促进学生的健康成长与全面发展。

一、案例介绍

2018年，刚刚跨专业专升本至我班上的小李（化名）连续几晚半夜11点打电话向我倾诉，由于原来所学专业和现在专业相差较大，学习压力大，成绩跟不上，原本想要转去原专业，但是由于学校政策不允许未能如愿。一系列不如意使其产生心理落差，致其抑郁症状更加严重，经常在深夜烦躁不安，不能入眠，一方面降低了生活质量，影响了身体健康，另一方面也严重影响了学习效率，使学习变得更加困难。

二、案例分析处理

案例中的小李转专业并不顺利,在学习和生活上出现心理问题之前已经出现过抑郁症状,究其原因主要是:学习生活环境的变化,作为插班生,难以融入新集体;学生有抑郁症病史,与家长沟通后得知,小李从初中开始就患有抑郁症,一直进行药物治疗。

本案例解决的思路要把握三个方向:其一是改变客观环境,让小李从心理上感到舒适;其二是让小李改变主观思维,正视自己的抑郁症;其三是协同帮助,创造学习、生活、娱乐的氛围。具体如下。

(一)改变客观——对生活环境进行优化

小李住在学校南区,因为学校院系调整,其上课在学校北区,与他每天生活在一起的是非本专业的同学,这使他学习和生活的环境无法更好地与本班同学相融合,也间接影响了他的心理。了解情况后,我立即协调学校宿管中心,在对小李的情况保密的同时,第一时间将小李的宿舍调换到了北区本班级聚集区。

(二)改变主观——对心理问题进行调节

通过及时与家长的沟通交流,了解到小李从初中开始就患有抑郁症,一直进行药物治疗。在家长到校协助和学校心理咨询中心的帮助下,通过家校双方合力,对小李进行心理干预和心理治疗。同时辅以药物控制病情,保证了小李正常的求学状态,以减轻他对治疗的抵触情绪。通过多次心理咨询,小李逐渐打开了郁结很久的心扉,把自己的烦恼没有顾虑地倾诉了出来,使我找到其烦恼的根源,从而更好地找到解决其抑郁问题的根本办法。

(三)创造氛围——集体协助解决问题

主要做法有三点:一是与其专业导师进行沟通交流,解决他在学习上的困惑,同时组织一个学习小组帮助、鼓励他,增强他对学习的兴趣和进步的动力,从而降低因专业课学习而带来的抵触心理;二是促进班级开展素质拓展等集体活动,让班级学生更加融洽,小李喜欢打篮球,班级经常组织篮球对抗赛,有效促使小李的心理压力释放,缓解了病情;三是鼓励与小李关系较好的几位同学多和他聊天、交流,消除他与大家格格不入的消极想法,使他感受到周围的爱,感受到身边有很多人一直关心着自己。

经过一系列的努力,小李情况慢慢趋于稳定,专业课学习也能跟上任课老师的节奏,与同专业同学的相处关系也有了很大的改善,并在毕业时成功签约某地铁路局,目前情况一切正常。

三、工作思考和建议

(一)要充分发挥家校联动作用

学生只身一人在外求学,容易感到孤立无援,此时容易压抑自己的情感,需要心灵上的安慰。辅导员首先应作为倾听者,以朋辈关怀给予学生信任感;其次通过与学生家长交流沟通,了解学生过往;再者与学校心理咨询中心对接,将学生信息进行有效反馈,更好地采取相关措施。

(二)要与学生建立朋辈关系

在处理学生问题时,有的辅导员以一种高高在上、冷冰冰的宣教者的角色出现,疏远了与学生之间的距离,使学生不愿意向辅导员倾诉心中的烦恼和痛苦。因此,与学生建立一种以诚相待的朋友关系尤为重要,在帮助学生时,把自己定位为学生的朋友,共同分析其问题,在互相信任的平等关系上合作解决问题,往往会有事半功倍的收效。

(三)要及时掌握学生动态,重视学生心理健康教育

作为辅导员,平时就要掌握学生动态,尤其是对于一些行为举止异常,或者出现厌学情绪的学生,需要重点观察,给予关心帮助。对于一些特殊学生,如严重心理问题等情况更要高度关注,随时掌握他们的行为和心理情况。日常多开展一些心理健康发展主题班会,宣讲一些面对突发事件的应对方案,以及心理调试技巧,帮助学生提高对社会的认知,培养正确的世界观、人生观、价值观。

(四)要充分发挥学生之间的互助作用

一般来说,学生在大学校园都会建立起稳定的友谊关系,与同学正常交往,具有集体归属感。但抑郁症患者却不同,他们易自我孤立、自我封闭,不愿向其他人尤其是老师敞开心扉,反而较易接纳同辈群体的帮助,他们在心灵深处非常渴望回到同辈群体中,享受集体带来的温暖。因此,辅导员应积极鼓励和引导学生互相帮助,引导学生互助互爱、抱团取暖。

（五）要引导学生从心出发，走出思想误区

要引导学生从自己内心出发，走出自我评价的误区，走出自己思想的误区。一方面要全面客观地评价自己，正确对待他人；另一方面要确立适当的目标，不能只以他人的成功作为唯一标准。同时，还要积极参加各种社会活动，在实践中开拓视野，掌握调节情绪的方法，时刻保持健康的心理状态，才是预防抑郁症的最好方法。

用爱心去守护，用坚守换新生

黄周梦茜　裘友林　朱智奇

"缺乏父爱综合征"常见于在父母离异、父亲长年不在家或者父亲在家却极少关注孩子的家庭中成长的人群，因缺乏父爱而导致分离性焦虑。

据有关专家观察，缺乏父爱的孩子容易产生不良倾向，主要表现包括害羞胆怯、情绪沮丧、自暴自弃、不求上进、沉默寡言、缺乏自信、过分内向、感情冷漠、游离集体、不喜交际、急躁冲动、反复无常、害怕失败、自私自利等性格缺陷，严重的还可能导致早恋、逃学、偷盗、吸毒、酗酒等，甚至迷恋暴力。

一、案例介绍

小花（化名），女，在一次晚上查寝时发现未归，室友表示不知其去向，与该生无法取得联系。但从言辞和表情上看，室友明显在替小花隐瞒，班长表示也不知情。经再三沟通，室友说出了真实情况，了解到小花在学校附近某酒吧喝酒，其原因是与男朋友分手。

二、案例分析处理

小花出生于农村，年幼时父母因感情问题离异，母亲带着小花改嫁，与父亲失去联系。改嫁后的母亲很快有了新的孩子，对小花的关心和照顾愈发减少。上大学后，小花与母亲之间的联系仅限于每月生活费的供给，母亲对小花的学习和生活毫不关心。小花很孤单，男朋友的出现弥补了她感情上的空缺，在小花心中，男朋友已经成为她精神上的支柱。

小花入校时性格内向，没有参加学生会和班委职务的竞聘，仅加入了自己喜爱的一个社团，不久后便与同社男生 B 恋爱了，B 对小花非常体贴，相处一月后，小花甚至对室友表明，认定 B 是她这一辈子最爱的人，想与其相伴终生。好景不长，相处半年后，B 以性格不合为由提出分手，并迅速拉黑了小花，小花多次寻找机会与 B 沟通无果，伤心欲绝，但并未放弃。有一次，小花发现 B 与另一名女生在校园散步，举止亲昵，原来 B 向她提出分手后另结新欢。认清这一事实后，小花无法接受,返回宿舍后抱头痛哭,室友面对一言不发的小花,默默在身旁陪同开导。小花和室友们来到学校附近的酒吧,临查寝前室友们提出返回宿舍,小花不予理会,室友们便先行返回。辅导员知情后,组织班级部分男生前往酒吧寻找,并把小花安全送回寝室。一向暗藏心事的小花,在经历分手后,情感支柱突然消失,感觉自己的生活暗无天日,失去了精神上的支撑。面对本案例所述情况时,我们可以采取以下措施。

(一)第一时间掌握,保证人身安全

在得知消息后,我第一时间找到小花室友了解情况,与室友核实后,组织同学一同前往酒吧找到小花,并护送小花安全抵达寝室,保证她的安全。随后由室友轮流观察,以防小花单独外出或者做出极端行为。通过与小花耐心交谈,得知男朋友在未表现任何异常的情况下,单方面提出与小花分手,不与小花联系,并且迅速结交了新的女朋友。小花觉得自己被背叛,也不明白是何原因导致,无法接受现实。起初小花不接受我的安抚,一味沉浸在自己的想法里,认为自己是受害者,通过进一步的倾听和陪伴,小花渐渐平静下来,愿意听取我的意见,情绪也逐渐平稳。

(二)及时上报,完善后续工作

掌握情况后,我及时上报学生情况给上级,并在领导的指示下按正常程序有序安排和处理。学生因变故产生应激性行为后最重要的就是后期的关注和疏导,因此,我部署班级干部和其室友对她进行关注,并定期关注和走访,协调学校心理咨询中心对该生进行持续的心理疏导,帮助学生走出失恋带来的痛苦。

(三)家校联系,给予家庭的温暖

小花的问题是典型的"缺乏父爱综合征",在家庭破碎后,小花缺乏安全感,与母亲的感情也不深,从而把这些感情的需求寄托在了男朋友身上,一旦精神寄托消失,小花会很自卑,认为自己的存在毫无意义。此时,小花也会更需要家人的关心和呵护,让她找回信心,重拾希望。

(四)重点关注,建立情感沟通渠道

小花情感受挫后,一时无法承受打击,心理发生巨大变化,变得郁郁寡欢,经任课老师和同学们反馈,好几次在课堂上哭泣。我找到小花的室友、主要班干部和她的好朋友,私下召开了一次会议,主要讨论和商定针对小花情感问题的解决办法。例如,每天由室友和好友轮流陪同小花学习生活,在宿舍里多与小花聊天,关心小花的需求等,让她感觉到老师和同学的关爱,重拾自我,重拾希望。

（五）定期疏导,持续关注帮助

出现这种情况,心理咨询对小花来说至关重要。帮助小花走出失恋的阴影,去除消极的想法,积极面对人生,乐观看待生活,是对她进行心理疏导的最终目的。心理疏导可以帮助她正确认识生命的意义,树立正确的恋爱观,平衡感情对生活的影响,最后重拾自信,实现自己的人生价值。

经过一个学期的努力,在辅导员、室友和同学的陪伴下,小花渐渐摆正了感情在生活中的位置,学会了放手,积极参与集体活动,还成了学生社团的社长。小花告诉我,她有了新的交往对象,两个人既相互依赖又互相独立,有着自己的梦想和奋斗目标,她现在感觉特别好。临近毕业,小花告诉我要去西部,为西部建设贡献自己的一份力量,实现自己的价值。

三、工作思考和建议

（一）做好倾听者和陪伴者

大学是一个小社会,在学生出现感情问题时,首先是对其心理上的巨大打击,随之而来可能会出现一系列的创伤性应激反应。案例中的小花生长在单亲离异家庭,对感情的渴望和需求会比一般人强烈,在感情受挫时,也会把自卑、绝望等一系列感受无限放大,从而造成严重后果。因此,当学生在受到重大打击时,辅导员应及时做好心理疏导,缓解其痛苦,防范其做出伤害自己的行为。同时要做好倾听者、陪伴者,让其感觉自己不是孤身一人,周围还有人在乎自己,慢慢使其打开心扉,接受你、信任你,通过建立情感联系,帮助其感知悲伤以外的情绪。

（二）找到落脚点和着力点

事情发生起初,学生可能会存在自我否认、抑郁等情绪,不能一味压抑消极的情绪,可以帮助其进行适当的宣泄,如通过跑步、喊叫等方式,把负面的情绪释放,给予积极的心理暗示。在进行心理疏导后,要同时帮助其面对生活和学习,进行帮扶的同时也要保护她的自尊心,从室友、班干部、老师及家庭四个方面进行关注并寻求解决办法。

(三)建立"指挥部"和"联防部"

作为辅导员,一对多的模式不可能随时了解学生的动态,此时我们就需要班级干部和寝室长,他们是辅导员与其他学生之间的桥梁。建立上下联动机制,在日常工作中要求班级干部定期进行班级情况汇报和排查,这样才可以及时准确掌握学生动态,避免一些不必要的事情发生。

"狂飙"心态遇见"狂跌"状态

——单亲家庭新生创伤后应激障碍疏导

金小江　常玉凤　左　健

创伤后应激障碍（PTSD），又叫延迟性心因性反应，是指对创伤等严重应激因素的一种异常精神反应，由于遭受异乎寻常的、突发性的、威胁性或灾难性事件或处境，导致个体延迟出现和长期持续存在的精神障碍，表现出高度惊觉、反复闯入的意识体验、与社会隔离的回避行为，以及注意力不集中、创伤性事件回忆困难等症状，其社会功能严重受损，有的甚至终身丧失工作和生活能力。新生在进入大学时，心理和行为等都会比较积极，想在大学好好表现自己，拥有一个"狂飙"心态，但现实有时却并不如愿，容易受突发事件的干扰。面对新的生活环境、学习环境、人际环境，新生容易产生生活不适应、心理不稳定等情况。在出现严重创伤事件时，容易形成创伤后应激障碍，整个人陷入"狂跌"状态，如若处理不当，将对学生的成长成才造成不利影响。

一、案例介绍

小吴，男，来自农村，家庭贫困，父亲早逝，是新生班级的临时负责人，整个人的心态积极、阳光，受到师生的广泛好评。然而开学后不到半个月的时间里，在一次篮球比赛中，小吴不幸受伤。从表象上看，小腿重度骨折，骨头发生明显错位，画面十分恐怖，被紧急送往医院。在我陪他前往医院的途中，明显感觉到小吴神情异样，他说出这样的话："老师，我怎么办？我会不会落下终身残疾？我还能恢复到受伤前的状态吗？我的成绩会不会跟不上？会不会要很多钱治疗？我会不会要休学啊？"一边说着，一边流下了泪水。

经检查，小吴的小腿为粉碎性骨折。在住院的日子里，他经常晚上做噩梦，梦见自己受伤的画面，满头大汗地惊坐而起。看见电视上播放的篮球比赛会不自觉地闪躲，捂住耳朵，整个人变得十分敏感，常因为一些小事朝他妈妈发脾气，性格大变。我将小吴的情况反映给专业的心理医生，结合其临床表现，医生诊断是典型的创伤后应激障碍综合征。

二、案例分析处理

小吴在单亲家庭长大,缺少父爱,母亲常年在外打工,没有时间陪伴小吴,因此小吴从小跟着爷爷奶奶生活。他从小接受的教育就是要拼命学习,从"农门"跃进"龙门",读书被小吴认为是唯一的出路。在学习这件事上,小吴从来不马虎。在生活上,因为家庭较为贫困,小吴十分节俭,从不乱花一分钱。正是因为特殊的家庭背景,在遭遇突发事件时,小吴的反应比其他同学更为强烈。对于小吴受伤后存在的这些问题,辅导员要从小吴的特殊现实情况和经历去分析小吴产生创伤后应激障碍问题的多方面原因,以便更好地帮助小吴克服创伤后应激障碍。

(一)缺少父母陪伴导致心灵脆弱

在小吴的成长过程中,由于父亲早逝,母亲常年在外,其在性格上表现为心灵较脆弱。和拥有父母陪伴的孩子相比,小吴情绪更易波动,抗击挫折能力更弱,遇到困难时,内心容易产生焦虑和悲观消极的情绪。在遭遇打击时,心理压力更大,容易被困难打倒,也更害怕失败。在小吴看来,他不能失败,也不敢失败,在遭遇严重受伤事件后,小吴更容易产生自暴自弃的心理。在和小吴母亲沟通过程中也得知,小吴从小比较自卑,心态不够平和,小吴在学校表现出来的积极状态和其一贯的表现不符。小吴非常想要获得成功,因此,他在学校的积极表现在一定程度上是逼迫自己做出改变,这是小吴踏出的艰难一步。

(二)高昂费用引发内心自责

小吴家里的重担都由其母亲承担,可以说家庭经济情况困难,于是学校为他申请了生源地助学贷款。小吴清楚,这次受伤将会花掉一大笔费用,这对本来贫困的家庭来说更是雪上加霜。经过了解,这次治疗费用将高达五万元,还不包括后期的康复治疗费用,而且一年后,小吴还需要重新做手术拆除钢板,又是一大笔费用。小吴母亲由于要照顾小吴的起居生活,失去了收入来源,家庭面临的经济压力加大,这让小吴背上了沉重的心理包袱,他经常会感到自责,声称"对不起家,对不起妈妈"。可见小吴的心理压力是巨大的,这严重影响了小吴的心态,不利于小吴的情绪平复。

(三)学业困难加剧情绪波动

在小吴看来,学习成绩是他与其他同学竞争的最大底气,立志要成为专业第一,这也是他认为通过自身努力能做到的。而在目前这种情况下,要实现目标的难度加大。每每想到这件事,小吴感到很烦躁,会不由自主地哭泣和发脾气。在家休养期间,身体上的不便影响到小吴的学习,导致其整个人的心态和状态都发生了很大改变。在线上学习的过程中,小吴经常因为跟不上老师课堂的节奏而大发脾气。小吴长时间不能线下学习,存在着挂科的风险。如果小吴大一挂科,那么将会影响小吴的后续学习进程,这将会再次给小吴造成打击,不利于小吴心态的恢复。

(四)前景迷茫以致信心不足

小吴对自己的期望较高,他是家里的第一位大学生,母亲对他的期望也非常高,可以说他是家里的希望,因此小吴身上背负的压力是巨大的。经过此次事件,小吴的状态受到较大影响,在与小吴交流的过程中也能发现他对自己的前途感到迷茫,经常会担心不能顺利毕业。如果小吴的状态不能恢复,心态不能及时调整,其后续大学生活信心将受到极大影响,而这一点甚至直接影响小吴顺利毕业,不利于小吴的成长。

作为辅导员,深知对于想改变命运、表现优异的小吴来说,不仅需要帮助他恢复身体上的健康,更需要的是在意外受伤后,陪他一起克服创伤后应激障碍,找回"狂飙"心态,摆脱"狂跌"状态。同时引导小吴树立信心,敢于直面生活中的挑战,规划好人生目标,让他将人生苦难化作一场修行,做好他的励志教育工作。而这对于辅导员来说,是一个巨大的挑战。这要从小吴的人生经历出发,有针对性地提出解决措施。我深知这不是简单的心理障碍问题,而是多种问题交织在一起,如果把它当作普通的心理问题处理,不解决学生的现实困难,小吴很难从阴影中走出来。具体处理细节如下。

(一)围绕学生,心灵修复是克服创伤后应激障碍的前提

小吴克服创伤后应激障碍需要辅导员更多的付出。首先,我邀请同病房有类似遭遇的病友开导小吴,通过病友们展示康复后的结果,帮助小吴恢复信心;其次,在小吴受伤后,时常去医院看望他,与他进行谈心谈话,给他无微不至的关心,围绕小吴的现实心理需求,从小吴的角度帮助他舒缓压力;最后,邀请学校的专业心理咨询师对小吴进行线上和线下的心理疏导,即便是在小吴出院回家休养后,我也联系专业心理咨询医生与小吴交流,缓解小吴的焦虑不安感,安抚小吴的情绪。

在这样的情况下，小吴明显感觉到自己的悲伤情绪有所缓和，他对自己所遇到的困难也不再那么悲观，变得更加坚强。小吴感受到了爱的温暖，对我道出了"谢谢"二字。

（二）服务学生，解决困难是克服创伤后应激障碍的关键

在小吴的病情稳定后，作为辅导员还需要做好细致入微的服务工作。摆在小吴眼前的现实问题有家庭经济情况和学业困难，这两个问题不解决会加重小吴同学的心理压力，不利于小吴克服创伤后应激障碍。小吴受伤后，需要不少的医疗费用，而小吴的家庭经济情况摆在眼前。面对这一情况，我积极向分管领导汇报，在协调后，给予了小吴临时困难补助，在评定助学金时，评定小组也根据小吴家里面临的现实困难评定了相应的助学金等级。同时，积极帮助小吴解决学生医保报销、学生意外险报销问题，这些在很大程度上缓解了小吴的家庭经济困难。

对于小吴即将面临的学业上的困难，我积极联系任课老师，让任课老师多关心小吴的学习情况，给小吴多提供一些线上学业指导，也要求其室友与他共同组成学习小组，经常沟通学习问题，尽可能减小小吴由于不能线下上课导致的学习成绩下降的影响。通过这些安排，小吴的学业并没有受到太大影响，在线上上课也能跟上老师的节奏，学习效果有所提升。从与他的谈心谈话中也能看出小吴的状态有所恢复，心态也有所改变。这也让小吴明白，我不是将他交接给其母亲后就不管不问，而是用心持续地为他做好服务工作，帮助他克服困难。

（三）关照学生，树立信心是克服创伤后应激障碍的根本

高校辅导员要做好学生的知心朋友，这要求辅导员要全面细致地做好关照学生的工作。小吴在学校表现十分积极，为了不让意外事件打击小吴后续大学生活的信心，在其出院回家休养后，我让小吴线上参与到班级管理工作中来，这样不仅使小吴的生活充实起来，也能让我通过这个机会了解到小吴的状态。通过参与班级管理工作，小吴的班级归属感增强，班级同学对小吴的认可度提高，这为小吴恢复好后返校的学习和生活奠定了良好的基础。

同时，我经常给小吴讲解学院青年学子突破自我、获得校长奖学金或者入伍报效祖国的事迹，引进校友资源增强榜样力量，让遭遇与其类似情况的校友联系小吴，进行结对帮扶，让校友通过讲述自身如何克服困难取得成功的故事，激发小吴的斗志，使其明白要以优秀校友为学习榜样，大难之后必有大成。激励其努力奋斗,克服眼前困难,尽早树立目标,主动作为,将青春献给祖国。

通过这些帮扶举措,小吴在家积极主动学习,同时适当做些体育运动,积极配合做好康复训练,身体在慢慢恢复,心态有所调整,人生目标也发生了巨大转变。小吴的信心得以重新树立,他立志要成为一名自动控制工程师,开始思考如何将专业与交通强国结合起来,突破目前存在的技术瓶颈。

三、工作思考和建议

经过长达两个月的休养,小吴顺利地返回学校进行线下学习。小吴返回学校后,整个人也十分积极,学习状态良好,较好地适应了返校后的大学生活,在期末考试中,小吴的成绩也排在了班级前列,经常"泡"在实验室里研究、学习,在挑战杯竞赛中,获得全国一等奖,对未来充满信心。从整个事件过程来看,该突发事件对小吴的最终影响较小,克服了创伤后应激障碍,顺利找回"狂飙"心态,摆脱"狂跌"状态。

回顾处理此事的整个过程,我也得到启示。大学生在学校会遇到各种突发事件,如家庭发生变故、遭遇诈骗、失恋等,这些事件都会影响大学生的心态和状态,对大学生的大学生活造成影响。本案例是突发受伤事件导致学生心态和状态受到影响的典型事件,作为辅导员要从该突发事件中总结出所有突发事件背后的共性,在以后学生遇到类似情况时,做到举一反三,从而有效地解决学生面临的问题。

(一)做到换位思考,实现共情共育

这是一起典型的学生突发状况而引发的精神障碍的案例,此种案例在学校屡见不鲜。作为一名辅导员,在面对心灵较为脆弱的新生时,要做好换位思考,站在一名刚入学的学生角度思考问题,分析学生面临的困难和挑战,一切以学生为中心。另外,还要站在其家庭的角度思考问题,分析该事件对其家庭产生的影响,家庭往往会影响孩子的心态和状态,只有充分了解家庭情况,才能真正通过家校联合的方式帮助学生克服困难,达到家校共育的目的。

(二)做好谈心谈话,分析学生心理

在学生遇到突发事件后,帮助学生解决好问题是一方面,更重要的是作为一名辅导员,要学会利用谈心谈话的手段,发现学生的心理需求,解决学生的心理困惑,从心理上、思想上帮助学生树立积极乐观的心态。在学生遇到困难时,往

往只有解决了心理上的问题,其他问题才能顺利解决。辅导员要通过帮助学生克服遇到的困难,提高学生在今后遇到其他困难时的应对本领,使其在磨难中得到锻炼成长,摆脱悲观情绪,建立起积极的心理屏障。

(三)做细学生服务,解决学生困难

学生在遭遇突发事件时,面临的不只是表面的困难,其背后往往伴随着心理、学业等多种问题,这要求辅导员要做细服务工作,要有系统思维,从全局出发,做到通盘考虑。通过专业任课教师帮助、家校联合、榜样示范、朋辈帮扶等方式切实解决学生遇到的困难,使学生感受到温暖,做学生真正的知心朋友,为其成长成才保驾护航。

(四)做实日常关怀,持续强化引导

在学生遇到引发心态和状态剧变的突发事件后,要注意学生情绪的改变,做到日常关怀,从细微处着手。要善于利用榜样的力量激励学生,做好励志教育,帮助学生重新树立信心,引导学生努力克服困难,用经历换取本身的成长,规划好人生目标,为梦想不懈奋斗。

高校辅导员要认清自身使命重大,责任光荣,因此在处理学生问题上,必须要高度负责,将学生事当作自己事。在处理学生问题时,辅导员要结合学生的家庭、人生经历等情况进行针对性分析,要充分认识到每个学生的性格特点,提出针对性的措施解决学生的问题,真正成为学生成长成才的人生导师、健康生活的知心朋友。

用"爱"跨越心理高墙，用"情"点燃人生希望

孙元元　汤　烨　王秀娟

心理健康教育是高校思想政治工作的重要内容，按照《高等学校学生心理健康教育指导纲要》要求，高校应坚持育心与育德相统一，加强人文关怀和心理疏导，规范发展心理健康教育与咨询服务，更好地适应和满足学生心理健康教育服务需求，扎实推动心理育人工作落到实处。本文以一则由身体疾病、原生家庭伤害、学业困难引发的学生心理危机事件为例，探索辅导员如何做好特殊群体学生的心理辅导和危机干预工作。

一、案例介绍

学生 W，高考结束后检查出患有强直性脊柱炎，性格内敛，家境一般，父亲早逝，母亲是国企员工，一直以来他和母亲的关系不睦。

在大一、大二期间，W 积极向上，加入学生会，成为迎新志愿者，还曾作为大学生骨干培训班成员赴井冈山参加红色教育实践活动。但大三时母亲再婚，此事对他打击较大，也使他和母亲的关系降到冰点，他开始称呼母亲为"她"，并私自停止药物治疗。因为私自停药导致身体疼痛难忍，他感觉生活无望，开始不断旷课，挂科数高达 10 门，身体、学业和家庭三重打击让他的负面情绪在一次和母亲的不愉快对话后彻底爆发。当晚我正好去检查宿舍，发现他不在，在联系他的过程中看到他刚发的 QQ 动态：我走了，谁也不要管我，不要找我。随后手机关机，没有说明缘由，突然私自离校。

我和其母亲、室友了解情况后及时采取措施，通过多方途径引导他安全返校，返校后他仍消极，但我坚持不懈鼓励他积极配合医院治疗，认真复习，努力调节他与母亲间的关系，慢慢地，他打消了自暴自弃的想法，过去那个意气风发的少年又回来了。最后在自身努力及家校配合下顺利通过了 10 门课程，且把学分绩点提高到了 2.2，顺利拿到了毕业证和学位证，签约某地铁路局，和母亲的关系也有所缓和，不再称呼为"她"。近期还专程返回母校看望我，向我讲述他现在的境况。

二、案例分析处理

从案例中可以发现,W 因身体、学业和家庭问题重重积压而自暴自弃,如不及时进行心理辅导和疏通,可能会产生严重后果。探究该现象的原因:一是身体方面,患强直性脊柱炎,这是一种伴随疼痛并有可能致残的疾病,疼痛折磨影响他的正常生活,久治不愈更让他看不到希望;二是学业方面,大三专业课陡然增加,课程难度加大,挂科过多失去信心;三是家庭方面,与母亲的关系紧张,日常生活缺乏家庭关爱,心理问题因得不到有效沟通而累积。

（一）启动预案,即刻上报事件

当晚查寝,发现 W 不在寝室,立刻让室友与他联系,快速得知他的去向和状态,想办法让他知道私自离校的严重后果,并与家长联系告知学生离校情况。同时立刻把事情的相关情况上报学院领导,启动危机事件应急预案。

（二）协同联动,全力引导学生返校

在学院领导的指导下,我与班级干部、其家人和室友以不同方式了解 W 的动态,保持密切沟通,尽全力劝导 W 尽快返校。在 W 安全返校后,先稳定他的情绪,让他的室友帮助安抚。

(三)树立生活信心,重燃人生希望

通过与 W 的沟通发现,在经历病痛折磨的这些年,他的心态逐渐变得消极,总觉得自己早晚会瘫痪并伴随各种并发症,对未来生活失去信心。为改变他的想法,我与他多次沟通,建立了牢固的信任关系。其间,我们彼此分享了很多想法,他也发泄了很多负面情绪。我引导他从多个角度看待问题,不应仅考虑最坏的结果而陷入茫然与无望。

此外,我邀请 W 同班同学肖某对其进行帮扶,想以肖某的励志经历感染 W。肖某患有癌症,与 W 一样备受身体疼痛的折磨,且家境贫寒,但他没有放弃,一直努力学习,获得"中国大学生自强之星"荣誉称号。慢慢地,在肖某的激励帮助下,W 逐渐振作起来,重拾了阳光和希望。

(四)直面困难,激发学生的学习动力

W 因无故旷课受到过警告处分,10 门课程挂科更像座大山压在身上,让他失去了学习动力。因此,我联系了成绩好的同学对他进行"一对一"帮扶,每天制订科学详细的复习任务表,并沟通相关课程任课老师对他进行单独辅导,同时组织和他关系好的同学带着他一起去上课,最后 W 逐渐找回了学习兴趣,开始恢复学习动力。

(五)换位思考,对家长和学生进行心理疏导

在整个过程中,W 只有在需要钱的时候才会主动联系母亲,母亲也是采取放养方式,对孩子的突然失踪习以为常。在缺乏父爱的情况下,这种母子关系是非常脆弱的。于是在征得本人同意后,我请学校心理咨询中心对 W 及其家长同时做疏导,让家长知道孩子心中是需要被爱的。由于身体等因素,W 表现出的烦躁、不近人情和漠不关心只是掩饰内心对爱的渴望,母亲需要填补 W 内心的空缺,向他传递更多的爱,同时也让 W 知道母亲永远是他的至亲,也将永远爱他。

(六)跟踪关注,强化教育管理

事件过后,我坚持每周与 W 谈话一次,多次深入寝室了解其近期表现,加强生命教育,强调人生的美好,并且经常引导他参与学校举办的心理健康教育活动。为保证他的安全,我仍然组织班长、其室友等人成立应急安全小组,继续跟踪 W 的学习生活动态。

三、工作思考和建议

（一）管理与关爱并重

在管理学生的同时要时刻把学生的身体健康安全放在第一位。W一直患有强直性脊柱炎，治愈极难，治疗关键是严格遵照医嘱服药，虽药物有一定的副作用，但出现中断服药的行为会导致疗程延长。因此，我们在处理学生问题时，首先要关心其身体健康，并且及时督促其服药和治疗，让其感受到生活中的温暖和关爱。

（二）缓解焦虑与科学帮扶并重

学生的学业状态关乎未来发展。W的学习成绩突然下滑，挂科数量骤增，不仅有身体原因，还有专业课程学习难度加大的原因。因此，辅导员要及时给予关心，对于挂科不应指责，应先调节学生心态，避免学生焦虑，再进行科学帮扶，通过同学、任课教师"一对一"指导，助其掌握良好的学习方法，提升学习效率。

（三）及早发现与心理疏导并重

心理问题仍是很多学生无法自我感知的，大多会产生严重后果。因此，必须及早发现学生心理问题并及时干预。一要全员参与，确保心理健康排查无遗漏，并经常宣传心理健康的重要性，普及心理健康知识，公布心理咨询方式。二要全过程跟随，对于有严重心理疾病史的学生，建立学校、院系、班级、宿舍和家庭的五级防控体系，重点关注并定期随访。三要全方位部署，分别设立心理委员、安保委员，安排学生骨干时刻关注学生的学习和生活。

"撕伞"还是"撑伞"？ 心病还须心药医

金 莹

近年来,"撕伞"一词在网上热传,在学生群体中引发了热议。"撕伞"是指因为自己淋过雨,所以也想把别人的伞撕烂。"撕伞"梗出来后,有两种声音:一些人觉得,"己所不欲,勿施于人",家长确实不该用这种折磨人的方式对待孩子;但另一些人认为,家长严厉些,难道不是为孩子好吗? 没什么好调侃的。

那到底是为孩子好,还是会给孩子带来伤害呢?

美国著名儿童教育专家科恩说,我们惩罚孩子,是想用让孩子吃苦头的方式给他们一个教训,以此来改变他们未来的行为。但遗憾的是,研究数据压倒性地证明,从长远来看,这种方式不但无效,还会造成破坏性结果。这种不自觉对孩子重复曾经伤害过自己的行为,就是在"撕伞"。

一、案例介绍

一天下午,突然接到小丽(化名)父亲的来电,说小丽最近不接他的电话,问她在做什么也不回信息,周末也不回家,仿佛人间蒸发了一样。听到这种情况,我赶忙联系小丽,询问了她最近的状况,告知她父亲对她的关切,但她听到"父亲"两个字后支支吾吾,说马上要去食堂做兼职,挂掉了电话。于是,我发信息给小丽,约她第二天上午当面交谈。同时,心里也在思考小丽的情况:小丽,女生,本地人,大一新生,家境贫寒,生活朴素,学习成绩一般。

第二天上午,小丽按照约定时间来找我,一进门有些拘谨,低着头站在桌子旁边,我示意她坐下,并尝试着询问她和家里的事情,她显得有些紧张,问一句答一句,提及父亲,她的神情比较漠然,但眼睛里流露出慌乱和害怕。问到不接父亲电话的原因,她轻描淡写地说:"兼职比较忙。""不想接。"她走后,我联系了她的室友、关系好的同学,询问了她开学以来的状况,得知她自开学以来经常去外面兼职,经常在电话里和父母争吵。我再次联系到小丽的父母,详细询问了家里的情况以及和小丽争吵的缘由,得知其父亲是名工程师,家庭条件其实并不差,争吵是因为小丽做的事情让家长非常不满意,家长脾气又比较暴躁。

二、案例分析处理

通过与小丽和其家长的交流，以及小丽周边同学的反馈，发现小丽处于长期紧张的家庭关系中，精神压力大。结合实际，初步判断小丽出现问题的症结可能是家庭危机。

作为辅导员，面对这种情况，要把握好三个关键问题：一是如何让小丽袒露心扉，了解此事的前因后果，做出正确的教育引导，帮助小丽解决心理问题，缓解紧张的家庭关系；二是如何做好小丽和家长之间沟通的桥梁角色，帮助小丽从家庭高压中走出来，帮助家长理解和体会到小丽的感受，共同构建和谐的家庭关系；三是如何治疗长期处于家庭关系危机下的学生心理健康问题。

（一）"点对点"关心呵护

通过此后多次的电话、面对面交流，我耐心地帮助小丽解决学习生活上的困难，帮助她放松心态，舒缓心理。并且私下请求小丽的室友、好朋友多帮助关心小丽，恰逢小丽生日，组织室友和关系好的同学为她庆生，让她感受到身边的温暖。

在一个恰当的日子，我以贴心朋友的身份再次跟小丽聊天，她终于放下戒心，袒露了心酸的家庭往事。至此，小丽的复杂心理和家庭关系紧张的谜团初步解开。从小丽记事起,小丽的父母就秉承望子成龙、望女成凤的思想,因各种琐事打骂小丽兄妹,包括考试没考好、被老师批评、不服从他们的命令等等。高考结束后,家长强制要求小丽更改报考志愿,留在省内,并逼迫小丽去电子厂打暑假工赚学费,但是因故未能成行之后遭到父母打骂,手机也被摔坏。入学后父母又以种种理由缩减小丽生活费,逼迫小丽通过兼职赚取生活费,还不时打骂小丽,致使小丽每天都处于高压的环境中,不能专心于学业。

(二)"线对线"促膝长谈

得知上述情况后,我多次与小丽家长通过电话、视频沟通交流,分析了小丽的感受和自幼因家庭关系产生的心灵创伤,并约定了上门家访。通过家访,我与小丽及其家长三方面对面展开座谈,通过主题座谈会等多种形式向家长阐明不健康的家庭关系对孩子的不利影响,并与家长达成共识,引导家长认识到"虐爱"不是"关爱",要关注小丽的内心世界,与她做朋友。

(三)"面对面"心理辅导

针对小丽的家庭情况和心理因素,我主动向学校心理咨询中心求助,申请对小丽进行心理健康恢复的引导治疗,并陪同小丽与心理咨询老师线下交流。同时,心理咨询老师与小丽的父母进行电话、视频交流,同步对他们进行心理疏导和治疗。

为进一步缓解小丽的高压心理,我与小丽的室友一起讨论帮扶关爱小丽的具体方案,以寝室为实施单位,通过多聊天、多散心辅助治愈小丽的内心创伤,构建她在校园的第二个"家"。

大二上学期开始,课堂上多了一位奋笔疾书的学生,寝室里多了一位能言善谈、快乐随和的室友。走在校园的路上,小丽的脸上找回了属于青年人的自信,多了一份闲适。清晨,一缕阳光洒在她的脸上,显得格外温暖。

三、工作思考和建议

(一)要以心育人,用爱去感化人

高校,五湖四海的学生在此汇集,共度四年。辅导员要发挥好"摆渡人"的作用,与学生同舟共济,对于学生因原生家庭而出现的问题要认真对待,用大"家"感化小"家",充分调动学校、学院的心理育人资源,用心去关爱学生,通过多群体、多角度精准切入,引导学生走上积极乐观的道路。

（二）引导学生驶向远方，指导学生面对荆棘

作为处于学生工作一线的辅导员，要多学习理论、业务知识，深入学生中去，对于行为出现异常的学生早摸查、早认识、早发现、早治疗，精准找出问题、解决困难、缝合心灵、治愈心理。大学四年承前启后，决定了学生未来的前途命运，我们要像螺丝钉一样嵌入到学生中，不要怕麻烦，要敢于吃苦、敢于奉献、敢于解决问题，帮助学生克服困难。平时多积累经验，做好演练，备好预案，遇事不慌张。

（三）家校一体化，共建和谐家庭关系

学生的家庭是思政教育的重要一环。像小丽这样长期处于家庭矛盾中的学生还有很多，传统的"棍棒之下出孝子"的观念依然存在，辅导员要高度关注，切入家庭与父母沟通、交流、合作，帮助改善家庭关系，引导家长放下"棍棒"，学会用科学的理论和方法处理学生与家长间的矛盾，借助多种手段妥善处理问题。

"小透明"，踏上属于自己的旅行

孙元元　汤　烨　曹　智

"小透明"，网络流行语，指社交网络上存在感较低或没有存在感的人，他们在集体中往往发言很少，偶尔发言也很少有人回应，没有人在意他们。大多数"小透明"都憧憬着成为"闪亮的星"，但鲜少有人做到，也有部分"小透明"不在意自己得到多少关注和回应，默默在自己的世界里自得其乐。

本文以一则由性格原因、生活习惯、升学就业压力引发的学生心理危机事件为例，探索辅导员在特殊时期如何做好特殊群体学生的心理辅导和危机干预工作。

一、案例介绍

2022年3月，学生们开始在宿舍进行线上学习，学习生活范围受到极大限制，时间长了内心难免出现焦躁情绪。学生小A，专升本的大四毕业班学生，父母经商，自幼跟随爷爷奶奶生活，平时沉默寡言，性格孤僻，喜欢独来独往，基本不参与集体活动，可以说是班级中的"小透明"。

在线上学习期间，有一天小A突然在QQ给我留言，强烈要求更换寝室，称自己和室友作息时间不同，自己喜欢早睡，而室友喜欢晚睡，导致自己近期睡眠质量较差。同时小A也加入了考研大军，然而成绩并不理想没能如愿，并且尚未找到合适的工作。面对多方面的压力，本就烦躁不安的小A变得情绪低落、焦虑难眠。

二、案例分析处理

该案例主要讲述学生在考研失利、就业压力、室友矛盾的交织影响下，引发了内心焦虑、烦躁、抑郁的情绪。究其原因，一是缺乏家庭关爱。因父母经商，该生从小由爷爷奶奶带大，与父母沟通少，性格比较内向，喜欢独来独往，敏感多疑。二是寝室作息时间不一致。该生是专升本学生，而三个室友都是大一新生，因和室友生活习惯、学习习惯等不同导致交流很少。三是多次受挫。该生学习成绩中上，考研期间全心备考但在复试阶段被淘汰。这件事对其影响较大，一方面临近毕业，前期因忙于考研并未专心做毕业设计，也没做好找工作的准备；另一方面受特殊时期的情况影响，长期待在宿舍，与室友之间的矛盾堆积，由人际交往引发的焦虑影响到个人情绪、学习生活，从而导致一系列问题，而该生又不主动寻求解决办法，导致问题更加严重。

（一）共情倾听，真爱关怀

我首先线下主动找小 A 谈话，共情倾听和适当鼓励拉近我与小 A 心与心之间的距离，建立彼此信任的关系，走进小 A 内心。当她情绪失控时，允许她合理宣泄情绪，并给予充分理解。同时，传授她心理调试方法，引导她培养良好的心理品质和抗挫折能力，并肯定她之前优异的成绩，让她重新建立起自信。

经过沟通，初步判断小 A 的心理状况：如果是单纯发展性心理状况，要教会小 A 正确看待失败；如果小 A 存在障碍性心理状况，要迅速联动校心理咨询中心，必要时协同家长进行沟通配合。在此基础上才能精准有效对小 A 进行思想引导和心理疏导。

（二）聚焦症结，对症下药

一方面通过交谈发现小 A 对考研失利的事情耿耿于怀，专升本后就开始做考研的相关准备，全力以赴的信念让她放弃参加任何单位招聘，也耽误了毕业设计。我主动和小 A 的毕业设计导师取得联系，请求导师给予小 A 精准指导，帮助其赶上毕业设计进度。此外，我向小 A 客观分析了当前的就业形势，帮助其改变就业观念，树立正确的就业择业观，精准推荐就业信息，最终帮助她通过学院组织的线上专场招聘会，找到了满意的工作。

另一方面，小 A 性格内向，生活作息规律，睡眠质量较差，不善与人沟通。舍友小 B 为新生，性格开朗，课程较少，作息不规律，时常熬夜。之前两人曾因作息和生活卫生习惯等问题发生过争执,后虽有所改进,但关系变得微妙、敏感。我分别开展了与小 A 和小 B 的"一对一"谈心谈话,引导双方换位思考,加强沟通对话,理解差异、认同差异、适应差异,重新认识对方,督促双方主动做出改变,释怀芥蒂。

(三)相伴成长,真心育人

学生心理问题除了学校之外,还与周围环境密切相关,要加强家校互动,求得家长的配合与支持。小 A 很少与父母交流,在学校也没有朋友可以倾诉,情绪没有释放的出口。我联系了小 A 的家长,建议家长平日里多与孩子视频通话,多与孩子相处谈心,让孩子感受到家庭的温暖,帮助孩子尽快走出困境,激发其对生活和学习的信心。

三、工作思考和建议

(一)加强家校联动,构建协同育人机制

重视家庭教育十分关键,辅导员一旦发现学生存在心理危机,应第一时间和家长进行有效沟通,了解学生成长信息,以便更全面、更精准地掌握学生情况,帮助学生处理好与父母的关系,通过家校联动协同育人。

(二)分析就业环境,进行精准指导

近年来,学生的就业压力不断增大,辅导员应该客观分析当前的就业环境,并结合不同学生的实际情况,帮助学生进行自身定位,认清就业环境,树立正确的就业观,进行精准的就业指导。仔细倾听、耐心引导,帮助学生缓解焦虑情绪,实现充分就业。

(三)深入学生寝室,增进互动交流

寝室矛盾是大学生常见的问题,这时有效的沟通非常重要,但学生往往采用冷战的方式让矛盾误会愈演愈烈。辅导员要经常深入学生寝室,及时掌握学生动态,注意可能产生的问题,帮助化解眼前的矛盾,更要引导学生换位思考,学会互相理解包容,鼓励学生主动进行沟通交流,创建和谐友爱的寝室环境。

第五篇
筑牢生命线：以爱建桥

生命对于每个人都是弥足珍贵的，有了生命，我们可以享受自由；有了生命，我们可以完成梦想；有了生命，我们可以实现价值。生命是顽强的，沙漠中的仙人掌屹立不倒，练就了坚韧不拔的身姿；土地中的小草在春风的吹拂下，重新滋长出嫩芽；严寒中的松柏努力生长，历经困难仍青绿常在。但是，生命又是脆弱的，生活的重压、关系的破裂、情绪的崩溃都会使人一时冲动从而失去对生命的敬畏，大学生亦如是。辅导员要时刻把学生的生命安全放在首位，筑牢安全线，最大限度地预防和妥善应对危机事件，引导学生珍惜生命、热爱生活。爱，是最好的桥梁。

爱恨交织，"网"开一面

何 蓓

情感困扰是当前大学生遭遇较多的问题之一。暗恋他人该如何表白？交往过程中应该注意什么？失恋了怎么办？诸如此类的问题影响着大学生的生活。相当一部分大学生把谈恋爱当作"必修课"，但是在恋爱中却很盲目，容易犯错误。作为老师如何给予正确的引导，帮助其树立健康的恋爱观是一个重要课题。本案例聚焦大学生因恋爱问题引发的一起心理危机事件，从心理咨询师的角度探寻症结、解开谜团，帮助学生走出困惑。

一、案例介绍

(一) 基本情况

学校保卫处突然接到某分院报告，班主任和同学发现王某（大三男生）已缺席一整天课程，不见行踪，电话关机。保卫处和学院立即组织人员四处寻找，最终在一间教室的角落找到他。被老师和同学发现后，王某忽然独自狂奔至校门口处，用头撞击铁栏，后被班主任拉住带回寝室。班主任建议王某前往学校心理健康教育与咨询中心接受心理咨询，让心理咨询师帮助他打开心结，但是遭到王某断然拒绝。当晚，班主任一直陪王某谈心，最终王某同意预约网络心理咨询，不想接受面询的原因是觉得羞耻，也觉得麻烦。因此，学校咨询中心第一时间为王某安排了网络心理咨询，由分院心理健康辅导站安排专用网络咨询室。

(二) 主诉

心很痛、很苦，情绪激动，不想和女友分手，不想女友离开自己。如果女友要和自己分手，那就用死来证明给她看，要让女友清楚自己为了她可以牺牲生命。

(三) 个人成长史

王某在家中排行第三，上面还有一个哥哥和一个姐姐，均已成家，母亲在其高中时去世，家中还有一老父亲。从高三开始与女友在一起，后一同考至本校。据班主任说，王某曾在高中时当着全班同学面在女友面前下跪请求原谅。大学三年，很多课程都是女友帮其做好笔记，告知其作业答案等，对女友极为依赖。

王某脾气较为暴躁,生气时说话特别冲,女友多次想和他分手,但迫于种种原因始终不敢有所行动。王某平时对女友有很多要求,例如,不准女友与异性交流;不希望女友成绩太好,怕女友太优秀弃自己而去;不希望女友在大学里崭露头角;不准女友吃方便面;等等。只希望两人平淡度过大学生活。大学三年基本就是两人在一起,很少与其他朋友交往。目前临近毕业准备外出实习。

(四)咨询师观察

王某个头较高,面容清秀,说话条理清晰,领悟性较好,但很执拗。

二、案例分析处理

(一)第一次咨询

来访者身上带着泥土有点脏,明显是被拉扯后(有点歇斯底里)的结果。他一个人坐在椅子上,双腿蜷缩,双手抱头埋至膝盖。

咨询师向来访者作自我介绍后,告知网络心理咨询基本原则,询问来访者有什么可以帮助到他。来访者遂慢慢把头抬起来,开始讲述他的困惑。来访者讲述了他和女友从高中到现在的感情经历,条理逻辑都较为清晰。他们高中时认识并在一起,高考时两人约定报考同一所学校。一直以来女友对他言听计从,不知道为什么后来经常和他顶嘴,有时在公共场合故意不和他站在一边,让他很生气,为此还动手打过一次女友,后来被姐姐劝解并许诺下次不再动手。他认为自己所做的一切都是为双方的感情好,不理解女友为什么还要和自己分手,让他难以接受。最近矛盾导火索是前几日拍摄班级毕业照时,女友与班上某异性同学合影,而未叫上站在一旁的他,他很生气并发怒,女友终于忍无可忍,要和他分手,态度坚决。

咨询过程:作为危机干预的第一步是保证来访者的安全,咨询师向他介绍了自己的身份以及网络心理咨询的基本原则,建立了较好的咨访关系。咨询师首先肯定来访者的某些行为特质,如爱护女友的一些行为,执着、专一的品质等,并与他一同分析目前这些行为的目的无非是要挽回女友的心,而这些偏激的行为非但没有起到效果,反而起了反作用。目前女友已不肯再见他,一直躲着他,女友目睹他的这些行为感到恐惧,而人的本能是一恐惧就退缩。后来访者向咨询师承诺不再采用这种方式来解决问题,并约定下次继续预约网络心理咨询共同讨论和女友的相处之道。

（二）第二次咨询

约定咨询当天，来访者哥哥和姐姐来到学校，劝解弟弟就此放手。虽然亲人一直相劝，但他仍希望女友给他一个缓冲期，毕竟三年多的感情难以割舍。来访者提前到了分院辅导站网络咨询室，但直至咨询开始前，仍一直在不停地拨打女友手机，希望见她一面。但女友态度坚决，认为这次如果在老师的帮助下都摆脱不了，那毕业后进入社会更无法脱身。

咨询过程：首先安抚来访者的情绪，并按照约定和来访者一起讨论两性交往的相处之道。开始主要和来访者一起分析在这段感情中自己有哪些做得不对的地方，肯定了来访者的细心、专一和执着，但其爱情观需要改变，真正和谐的感情是两个独立的人在一起，既有自己独立的个人生活，又有在一起的快乐。而来访者正是忽略了女友作为一个独立的人的自由，越压制越反抗，就像用手握沙一样，越是想牢牢抓住越是漏得更多。这时来访者也承认自己确实没有尊重女友，脾气很坏，导致女友离自己越来越远，但自己现在真的放不下。同时认为自己的大学生活确实忽视了友情，导致现在都不知道如何转移自己的注意力，身边没什么朋友，也无处倾诉。

（三）第三次咨询

原本约定网络心理咨询，但因来访者即将离校去外地实习，他反馈在前两次网络心理咨询过程中感受到了尊重、耐心和包容，让自己放下了一些戒备，于是希望改为面询，一来可以更好地和咨询师交流，二来希望和咨询师作一个阶段性告别，表达感谢。咨询师了解情况后，同意了来访者的请求，改为了面询。

咨询过程：当时处于毕业生离校时期，来访者发现女友没打招呼就偷偷回了家并关停了手机，来访者一直联系不到女友，情绪十分抓狂，觉得很痛心，咨询过程中一直在低声抽泣。咨询师尝试安抚来访者的情绪，肯定他前来面询的勇气、直面问题的决心以及专程来向老师告别的礼仪。咨询师与来访者一起分析女友这样做的原因，虽然来访者希望能有一段时间缓冲，但人和人之间是平等的，任何人都无法将自己的意志强加给他人，女友可能是希望双方都冷静一段时间，因为经历过波折后都需要好好思考一下。人人都会遇到挫折，失恋是大多数人都会经历的，同时也能让人成长。咨询结束时，来访者表示决定当天下午回家待几天，看望父亲并为母亲扫墓，然后再启程去实习。咨询师肯定并鼓励了他的决定，咨询暂时告一段落。

（四）案例分析

这是一则典型的恋爱观偏差的案例,案例中的王某人格依赖性高,控制欲强,女友的妥协使得他对于女友的依赖不断加重。王某有着错误的恋爱观,不懂得尊重他人,忽视他人作为一个独立的人的人格,名义上是为了双方的感情着想,实质上只是为了一己私利。从其与哥哥的交流中也察觉到,亲情维系得并不是特别紧密,哥哥抱怨弟弟总是无理取闹,耽误了自己工作。

三、工作思考和建议

（一）网络咨询已成为不可或缺的心理健康服务形式

网络咨询尽管存在很多不确定性,但对于当代青少年这一网络"原住民"来说,因其便利性、私密性和自由度高等,使得网络心理咨询越来越受到广大学生的欢迎。这就要求学校心理健康教育与咨询中心不断升级服务内容,扩展服务形式,并积极主动加强网络心理咨询工作技能和伦理守则方面的学习训练,做学生真正的"贴心人"。

（二）各部门有序联动是做好心理危机防范的重要基础

一旦出现学生心理危机事件,应在第一时间上报,联系学生家长、亲朋好友,了解学生近期行踪和学习生活情况。如涉及心理问题,应及时联系学校心理健康教育中心查阅学生心理档案,了解心理状况。

（三）面向学生开展生命教育迫在眉睫

当前社会,有关青少年淡漠生命的报道屡见不鲜。无论是家庭,还是学校和其他社会教育机构,都更重视对青少年的成才教育,而从根本上忽视了生命教育,致使一些青少年突遇一点挫折就选择结束自己或他人的生命。多年来,生命教育在很大程度上都是一片空白。加强生命教育,使青少年懂得珍爱生命,懂得生命的价值,战胜生活中的挫折,才能去创造更有意义的生活。

步步为营，告别毕业焦虑

党　姗

"毕业焦虑症"是毕业生中常见的心理现象。当下大学毕业生压力日趋加重，这不仅来自毕业前关于找工作还是考研的艰难选择，更来自校园的紧张气氛、家长的过度关心和同学之间的竞争，加上工作无着落带来的彷徨，以及毕业论文要求越来越高带来的无措，学生容易产生焦虑，从而引发校园危机事件。

一、案例介绍

小红（化名），女，27岁，性格内向，研三毕业生，属于建档立卡户。毕业论文答辩结束后，小红的论文面临末位审慎，需要进行重大修改，于是她在QQ空间发表动态："有时觉得压倒人的并不是最后那块沉重的砖，而是过去二十多年里承载砖的地基已经坍塌了，现在的我非常累。"我和她的导师看到后立即介入，其情绪暂时稳定。几天后，小红在200人的专业班级QQ群里说："真的不要逼我了，我不想活了。"群内随即陆续有小部分同学也开始发表带有负面情绪的言论，我和小红的导师立即向学院报告，并开始进行危机干预。

二、案例分析处理

面对小红的问题，若干问句浮现在脑海中：如何了解小红的真实心理状态？如何让小红正确看待毕业？如何减小不良言论对其他同学引起的负面情绪影响？如何缓解全班学生因为工作和论文而产生的焦虑？

学院高度重视此事，当即联合保卫处、研究生院等相关部门了解具体缘由及事件影响，制定危机应急预案，层层落实到人。经学院研究后当天即刻发布通知，将修改论文的期限延长一周，给学生们更充足的时间打磨论文，缓解焦虑情绪，并及时回复群内学生的困惑，稳定大家的情绪。同时，我和小红的导师直接与小红沟通，并安排寝室室友、班级干部密切关注，随时掌握她的情况变化，根据危机预案进行处理。

（一）稳定情绪，赢得信任是基础

面对此事，首要的就是稳定小红的情绪，杜绝危险事件的发生。当天下午，我约她一起出去散步。看到小红当时情绪比较激动,首先安慰她获得她的信任,了解其心理状态。我与其聊家人、聊学习、聊生活,通过两个多小时的沟通和陪伴,明显感觉到小红对我已放下戒心,愿意说出内心的真实想法:家里经济条件不好,家里人本就不同意其读研,学费都是靠贷款,平时利用业余时间在培训机构代课赚取生活费,好不容易盼到毕业,却面临论文末位审慎可能导致的延期毕业,而且工作还没有着落,一想到父母失望、前途迷茫就很崩溃、无助,感觉丢失了救命稻草,但不是真的想自杀。经过与我的交流,小红认识到了自己的错误,不应该在网上发表那样的言论,应该寻求合理的解决途径。待她情绪稍稳定后,我建议她给导师打电话沟通论文相关情况,电话里,导师指出了小红论文中最大的问题,将修改思路作了具体讲解,并约小红第二天见面讨论。当试探其是否愿意将此事告知父母时,小红情绪有点激动,眼圈开始泛红,为平稳小红情绪,我表示尊重她的意愿,但同时约定如有任何困难要第一时间告知我。此时,她的神情缓和了一些,表示要回宿舍抓紧时间修改论文。

(二)情理兼顾,刚柔并济是手段

当晚,我把与小红的聊天内容告知了她的导师,导师了解情况后,表示会多花时间和精力指导小红修改论文,也会注意其情绪波动,尽可能增加见面次数,鼓励小红建立信心。第二天下午,我约小红一起吃饭,见她修改论文比较顺利,脸上也露出了笑容,借机跟她讲道:"遇到任何事情,都不能拿生命开玩笑,生命是自己最珍贵的财富。末位审慎是学院对学生负责的体现,是对论文高质量的要求,是希望每个学生都能给自己的求学生涯交上一份满意的答卷。至于找工作,还有很多机会,等忙完眼下最紧要的论文修改,就可以安心寻找心仪的就业岗位。等度过难熬的时光再回过头看,正是这一个个挫折磨炼了意志。成长的道路上哪有一帆风顺的,重要的是风雨过后总会出现彩虹。"

接下来的一周,她一直主动跟导师沟通论文修改思路,每天晚上回寝室后,也会通过 QQ 跟我联系,说明自己的状态。我和其导师连续关注直到她论文顺利提交并通过,接着我们鼓励她安心找工作,帮她把关简历,讲解面试技巧,分析岗位信息。正是这十来天的关心关注,让小红平稳度过了毕业前焦虑煎熬的时光,顺利拿到了毕业证和学位证,并最终找到了自己满意的工作,走上了工作岗位。

(三)标本兼治,思想引领是核心

趁着小红外出面试的时机,我立即组织召开班会。一是晓之以情、动之以理,说明此次事件已妥善处理,希望大家互帮互助,不要再议论此事,降低此事对大家的影响。二是引导大家遇到什么困难要通过正确的途径去求助,而不是通过极端的做法,这不仅是对自己不负责任,也会引起其他同学的负面情绪和恐慌。三是管理与教育相结合,抓住学生外在冲动、非理性认识、网络规矩意识淡薄等,全面分析不同处理方式的利弊,引导学生树立正确的法律意识、责任意识。

三、工作思考和建议

(一)灵活处理特殊事件

一般来说,当学生在校期间出现问题时,家长作为学生监护人,学校要及时联系家长。但此事件中,经再三和学生沟通,学生又是成年人,考虑到事件的特殊性,所以做了特殊处理,没有直接向家长说明学生的行为,而是提醒家长,学生面临毕业,各方面压力比较大,希望家长多关注学生身心健康,多鼓励、多关心。

(二)拓宽学生意见反馈渠道

学生工作中的很多问题,往往源于学生的情绪意见反馈渠道不畅通,错失了处理解决的良机。在学生教育管理过程中,既要把握原则,又要考虑学生特点,尤其在制定一些制度政策时需要多角度思考、多方面沟通,结合学校学生实际,多倾听学生意见,以促进学生成长成才为衡量标尺。

(三)注重培养学生网络素质

网络环境的一大特点是其独具的平等对话情境,淡化了学生的身份意识与基本的道德意识,使现实道德对网络环境中的个体约束力降低。部分学生在网络平台里,以弱者的身份发泄对某些事件的偏激情绪,滥用网络工具,发表偏激言论,其他学生容易受从众心理影响,忽视事件的真实和本质而人云亦云,从而带来负面舆论。高校应将网络文明教育纳入学生课堂教育、实践教育,着重培养增强学生思辨意识和网络安全意识,养成文明上网的习惯,实现网络自我教育、自我约束和自我保护。

看似不是心理问题的"心病"

——大学生"空心病"现象的思考与启示

王金彤

"空心病"是一种价值观缺失所导致的精神障碍,它表现为抑郁、孤独、自我缺失、渴望得到外部认同、被评价的恐惧、有自杀倾向、自我否定和厌恶等。随着经济社会和科技文化的快速发展,人们对成长、成才、成功的价值观念悄然发生了深刻变化,由此衍生出一种急功近利、浮躁变质的不良社会氛围。受社会快速转型、教育功利化、家庭期望值高、自我认识的混乱错位等多重因素综合叠加影响,大学生成为"空心病"的易发人群。

一、案例介绍

一天,小明(化名)的室友小华(化名)称小明已经两天没回寝室了,打电话也联系不上他,小华觉得此事重大,第一时间汇报给了辅导员。据称,小明平时表现一切正常,性格偏内向,与同学相处较好,学习成绩排在班级中上,之前未曾表现出心理问题迹象,心理档案也未见异常,未谈恋爱,也没有和同学发生矛盾。另外,此前小明与家人的沟通交流也无异常情况,辅导员第一时间查看了小明留在宿舍的物品,对该生留下的手机所存的日记、遗书等文字资料进行深入分析,发现其遗留资料的字里行间,明显透露出了与大学生"空心病"相吻合的特征。我根据小明遗留下来的信息,在某教学楼楼顶找到了该生,并成功将他带回寝室。

二、案例分析处理

下面我结合徐凯文等学者对大学生"空心病"特征已有的研究和小明的一些日常表现来进行分析。

(一)隐性显现的抑郁症状

"……像这样的问题不断充斥着大脑,焦虑、不甘甚至是愤怒占据着身体,让我感到窒息、无助……"小明对一些事情的理解始终找寻不到正确的方向,对一些问题的思考始终得不到满意的答案,渐渐地在这种思考中感觉到无力与无助,进而引发心理上的焦虑迷茫,对事物的兴趣衰减,长此以往演变成愤怒绝望,但一直压抑在内心深处,从不会在人前明显表露。这与抑郁症的病症有着相似之处但又不完全相同。

(二)自我认同的混乱错位

该学生对"为什么我不像他们一样优秀?为什么我的成绩不是满分?为什么我付出的比他们多得多却还是这个样子?"等问题反复思考却得不到结果,从而选择"或许就这样浑浑噩噩地生活也好"。连续的几个问题充分反映出该学生心里的不解与无奈,对自己的评价和认知出现了混乱偏差,引发价值、意义归属感的危机,从而不能正确认识到自身的价值、生命的意义。这种现象,一方面反映了教育对学生正确价值观念引导的不到位,甚至缺失;另一方面反映了教育功利化产物"唯分数""唯成绩""唯升学"给学生带来的消极负面影响。缺少必要人文关怀的教育是偏离教育本质的。

(三)渴望外部认同的需求

"为了这个理想的生活,本不优秀的我在尽可能地变得优秀。""考研的同学也在积极准备着……报了班的我最后却没有成功,结果岂不是很尴尬?"社会环境的价值取向多元化、社会竞争的日益激烈以及父母沉重的殷切期望,都会对学生产生潜移默化的影响,使学生感受到空前压力和焦虑。同时,在应试教育背景下,逐渐形成了一种错误的教育价值观念,更多的关注转向了成绩、升学、就业而忽略了学生本身的情感体验与身心健康,致使学生为了得到充分的肯定与赞扬,不得不想尽一切办法变得更加优秀,在老师、家人、同学面前证明自己,刻意营造一个良好的形象。这让学生过于在意他人的看法和评价,一旦遭受批评与挫折,就会对自己产生怀疑,进而自我否定,慢慢地身心俱疲、厌恶烦躁、疲于应付。

(四)封闭自我的孤独感受

"后来,可能是经历的多了……也是这时候,我开始独来独往,封闭自己的同时,也在暗暗努力着。""在之后的生活里,我变成'行尸走肉',对未来充满了迷茫。"随着价值感、意义感的迷失,小明渐渐变得迷茫,没有了理想信念,失去了人生奋斗目标,像一叶扁舟漂浮在一望无际的海洋里,不知从哪里出发、为了什么出发,也不知该去往何处。发现自己与身边人的差异越来越大,与他人的交际交流随之减少,强烈的孤独感和无意义感席卷而来,无助地将自己封闭在那片自认为是空虚又毫无意义的世界里。

(五)结束生命的倾向选择

"我才不要这种一眼就能看到头,又一眼看不到未来的生活,我也不会接受这样的自己……既然最后都是要面对死亡的,那干脆就让它提前到来好了。"综合上述的种种特征分析,经过长时间的累积、发展,小明的心理问题愈发严重,找寻不到生存的意义,甚至对活着感到麻木、痛苦,自杀的念头愈演愈烈,对生活中的人、事、物不再存有一丝的留恋。最终,选择自杀的方式结束自己生命。

三、工作思考和建议

(一)增强自我认同,树立正确价值观

价值观的缺失是"空心病"的根本所在。价值观对一个人的成长发展有着积极的导向作用,对人的思想行为和自我认知有着重要的影响。如果没有价值观的指引,一个人就会魂无定所、行无所依。社会主义核心价值观从价值目标、价值取向、价值准则三个方面对其核心要义作了深刻诠释,是共同认可的一种核心价值观。新时代大学生价值观的培育树立,要以社会主义核心价值观为引领,并在积极践行社会主义核心价值观的过程中转化为内心的高度认可和行为的导向准则,凝魂聚气、固本强基,树立正确积极的世界观、人生观、价值观,从而清晰准确地认识自身的价值意义,增强自我认同感,形成正确的人生目标追求、价值取向选择和价值准则遵循,提供强大的精神力量支撑。

(二)回归教育本质,促进学生全面发展

现代教育的落脚点应该着眼于学生的生命、生存、生活,培养合格的社会主义建设者和接班人。学校应坚持以人为本的教育理念,深入贯彻落实立德树人的根本任务,回归现代教育的本质,全面推进素质教育的发展。要注重加强思想政治教育,实现课程思政与思政课程的有机统一,引导学生树立坚定的理想信念。要改变传统评价观念,以学生的全面发展为目标,采用多元化的评价方式对学生进行评价。不能以成绩高低论成败,不能片面地横向比较,纵向提高于个体而言本就是成功进步。要加强对学生的人文关怀,平时多关心、关注、关爱学生,对学生多一些鼓励与肯定。要满足学生自身和社会的发展需求,促进学生的个性发展,培养学生的积极性和创造性;教育学生正确地评价自我,认识自己的长处与不足,给予针对性的指导,帮助其准确自我定位,促进学生德智体美劳全面发展。

(三)优化发展环境,家庭社会协同发力

冰冻三尺,非一日之寒。同样,大学生"空心病"现象并非一朝一夕产生的,而是长年累月累积而成的。"空心病"的形成不仅受学校教育的影响,与学生成长过程中的家庭教育和社会环境影响也是密不可分的。在家庭教育中,父母要以身作则,通过言传身教引导孩子树立正确的价值取向,为孩子营造一个和谐、温馨、宽松的家庭环境。同时,要充分考虑孩子的实际情况,对孩子设定合理的期望值。加强亲子之间的沟通交流,走进孩子内心,了解他们的真实需求,倾听他们的心理诉求,注重情感体验。在社会教育中,要改变"唯分数论""唯学历论"等功利化教育的不良社会风气,为学生的发展提供更多机会和选择,减小社会竞争所带来的压力和焦虑,创造一种健康向上、公平公正、和谐幸福的社会氛围。

"空心病"与其称之为一种心理疾病,不如形容为心理问题的综合表现更为恰当。其诱发因素是多重而复杂的。相关数据表明,大学生已经成为"空心病"的主要发病人群。这一现象绝不容忽视,亟待引起社会各界和相关有识之士的高度关注,就如何有效防治大学生"空心病"进行深入分析研究,尽快提出切实可行的解决办法,真正帮助学生找回对人生及自身价值的认同感与归属感,让一个个平凡而火热的青春,绽放出不平凡的人生精彩,培养造就更多有理想、敢担当、能吃苦、肯奋斗的新时代好青年。

屋漏偏逢连夜雨，为你撑起一片天

——当失去至亲之痛、遭遇诈骗之伤

陈莹莹

高校校园网络诈骗案件一直是各个高校高度重视、重点预防的工作之一，诈骗手段的层出不穷给辅导员工作带来了很大的阻力与困难。许多学生因刚进入大学，还未经历过太多风浪，判断能力有限，易冲动，导致在很多情况下不经核实就轻易相信骗子的言语，造成经济损失。同时，被骗后的心理也会产生变化，易产生心理危机，若遇到其他生活变故，两相结合将极大地影响学生的学习生活。

一、案例介绍

学生 A，女，是一名大二的学生，为人友善、平易近人，加入了校学生会外联部、书法社等，同学和室友对其评价为性格活泼开朗，人际交往能力较强，热衷于参加学校、班级活动。

A 出生在农村，父母都是农民，有一个弟弟，家庭虽不富裕但很温馨。在家中 A 与父亲关系最好，父亲的文化程度虽不高，但勤勤恳恳、任劳任怨的朴实性格也深深影响着 A。2015 年，父亲查出了胃癌，为其治疗不仅花光了家里所有的积蓄，且负债累累，这使原本就不富裕的家庭雪上加霜。但是父亲积极乐观的生活态度一直支撑着 A 继续读书生活。就在 A 读大二的这一年 4 月，父亲过世，使得这个家庭最后一点希望破碎，这无疑对 A 是一个致命的打击。

在家中处理完父亲的后事，A 在母亲与老师、同学的鼓励下，调整好状态来校继续读书。5 月的一天，我接到 A 的电话，她哭着说："我对不起我的妈妈，对不起老师和同学，我该怎么办？我不知道怎么面对你们。"我还没来得及仔细询问，电话便被挂断了，再打过去便是无人接听。我立即联系班上同学，了解到 A 刚刚上完课，最终在校园内湖边找到独自在哭泣的 A，安抚情绪后，我将其带到办公室做进一步了解。

几经开导询问后得知，A 为了帮助妈妈减轻家庭负担，在网上通过一个中介做平台"刷单"的兼职，中介声称只要通过指定链接拍下物品，扫描二维码支付，

24 小时内即可全额退换，并获得20%的返现。A 刚开始抱着半信半疑的态度刷了 100 块钱的单子，看到 100 块钱很快变成了 120 块钱，内心狂喜万分，想着很快就能自己赚到学费和生活费，于是东拼西凑找同学借了 3860 块钱，全部按照中介要求支付。

这次中介声称要一次性"刷单"5000 块钱才能退款，于是 A 又向同学借了 1200 块钱，并全部支付。此时中介再次用同样的说辞要求 A 继续"刷单"。A 意识到可能被骗，于是开始和中介周旋，一开始用愤怒的语气要求中介退款，后来几近央求："求求你，把钱还给我吧，我爸爸刚去世，我的钱全是借的，我妈妈已经很辛苦了，我对不起她，如果你不把钱还给我，我就活不下去了。"中介毫不理会。愤怒、恐惧、悲痛的情绪交杂在一起无处排解，A 感到无法面对大家，一个人走到湖边，想要逃避，一了百了。

二、案例分析处理

本案例中，首先要在确保学生人身安全的情况下进行沟通，要意识到该生的家庭存在重大变故，引导过程中要足够耐心、贴心、暖心；其次，对于被诈骗的情况，要第一时间介入，联合学校保卫部门及时上报公安部门，尽可能挽回损失；最后，还需要对班上同学加大防诈骗宣传力度，最大限度地避免诈骗事件的再次发生。具体措施如下。

（一）把握方向，控制事态发展

接到 A 的电话之后，第一时间与该生所在的班级同学联系，了解到 A 刚刚上完课，快速缩小范围，调动班级同学一起在校园内寻找，短时间内就在湖边找到了独自哭泣的 A，避免了事态进一步发展。当时 A 独自一人在湖边，情绪激动，随时都有可能发生意外，情况十分危急，多一份迟疑，便多一份危险。在 A 情绪波动之时，如果不能及时安抚和看护而任由事态发展，很可能导致一条年轻的生命就此消失。

（二）多方协助，全面保驾护航

1. 警校联动，正视案情。在了解到事情的来龙去脉之后，我陪同 A 来到校保卫处报案，由校保卫处人员先分析案情，并给出专业的指导，再由校保卫处老师带领到当地辖区派出所报案，派出所人员立案侦查，使案情发展由被动变为主动。同时，也给了 A 心理上的慰藉与希望。

2.**用情润心,用爱暖情。**因该生情况特殊,刚刚失去父亲,又遇诈骗,经济窘迫,了解到情况的同时,也把该情况上报给学院相关领导,为其寻求更多的关爱和帮助,为进一步做好 A 的安抚工作提供支持与保障。

3.**精准发力,朋辈帮扶。**事情虽然解决,但 A 还是受到了严重的打击,学习生活都十分消极。我与班干部以及其同宿舍的同学商议后,决定精心准备,在 A 生日那天给她一个惊喜。生日那天,A 哭了,感动之余也释放了这段时间内心痛苦的情绪,向大家表达了感谢之后,决定打起精神读书,不辜负大家对她的关心。全体同学对 A 持续的关心陪伴,以及生日会的温暖,帮助 A 最终走出阴霾,重新正常生活学习。

4.**家校合力,协同育人。**刚开始 A 并不想把事情告知自己的母亲,在我和同学的耐心劝解下,终于愿意拨通家长的电话。母亲在得知事情的原委后,并没有责怪,反而是用"只要人没事就行"这样的话来安慰 A,并替 A 还清了借款。事后,A 的母亲一直与我保持联系,持续关注 A 的心理变化与情绪波动。

(三)三方站岗,持续关心关注

这件事虽然过去了,借钱的问题也解决了,A 也继续正常学习生活,但这并不意味着事情就结束了。A 变得沉默寡言,学生会、社团等活动也不参加,并且有时会旷课,必须持续关注、关心才能彻底解决问题。我通过任课老师、班干部以及其宿舍室友了解 A 具体情况后,与家长一起持续做出相应的引导和心理疏导,最终通过全体人员的关心,A 解开心结,重拾生活的勇气和信心。

(四)支持鼓励、助力突破枷锁

事后,我时常找 A 聊天,并采用共情式沟通等方式,通过对其讲述自己成长过程中遇到的困难与障碍,使其敞开心扉,发泄出内心的消极情绪。同时把解决思想问题与实际问题相结合,不仅从心理上对其鼓励,还在生活上给予支持,为其在学校找到勤工助学岗位,解决生活实际困难,帮助减轻生活压力。老师、同学的关心帮助与家长的理解鼓励,都为 A 增强了生活的信心。事情已经过去了半年,现在 A 已经成了学生会外联部部长、书法社副社长,后代表学校参加全省大学生书法大赛并荣获二等奖。她回归了校园,回归了自我。

三、工作思考和建议

（一）关注学生思想动态，建立特殊学生档案

首先，关注学生思想动态，对学生的情况要做到了然于胸。多和班干部、寝室长、心理健康员、网络舆情监测员等交流，了解每位学生的思想动态，关心学生的身心状况。对于特殊群体学生，尤其是家庭经济困难学生、少数民族学生、个人或家庭发生重大变故的学生，需要重点关注、关心、关爱。其次，建立好特殊学生档案，分阶段、分类别翔实记录每位学生的家庭情况、联系方式、发生事件等，做好谈心谈话记录、出现问题记录等，并及时向上级报备；更要做好预案，如遇突发事件，可以做到从容应对。

（二）利用班会教育阵地，提高学生安全意识

在校大学生是一个社会经验少、法律意识薄弱、缺乏辨识力的群体，面对很多事情，并不能做出正确的判断，遇到问题也不能及时处理。我们需多措并举，利用好主题班会这个教育的主阵地，加强安全教育，降低学生发生安全意外事件的概率。除了传统的"四防"，对"防诈骗""防校园贷""防培训贷""防兼职刷单"这些近几年来滋生的新型诈骗也要引起重视，用学生喜闻乐见的方式，开展形式多样的主题班会，利用编制安全手册、观看纪录片等方式普及教育，提高学生的安全意识。

（三）积极提升综合技能，专业方向精准发力

作为高校辅导员，不仅要能解决传统教育问题，还要适应新形势下出现的新思维、新挑战、新问题。因此，要善于发现问题、分析问题、解决问题，勇于自我革新、自我进步。要具备一定的理论知识基础和合理的知识结构体系，具备较高的职业道德素质、思想政治素质、业务知识素质，不断适应、不断进步、不断发展，努力成为学生成长成才的人生导师、健康生活的知心朋友。

加强家校联系，化解校园危机

罗　青

苏联著名教育家苏霍姆林斯基曾经说过："没有家庭教育的学校教育和没有学校教育的家庭教育，都不可能完成培养人这样一个极其细致而复杂的任务。"家庭和学校对孩子都负有教育责任，家校共同教育是一项系统工程，构建健康、动态、和谐的家校合作关系，是发挥家校教育合力、创造良好教育环境的必要条件。当家校联系出现障碍时，校方的应对成效不仅直接关系校园安全稳定，更是重建家校互信与合作的关键。因此，化解校园危机要求学校事前有预判预防能力，事中有响应执行能力，事后有善后处置能力，以更好地推进危机事件朝着有利方向发展，取得良好成效，达到预期目标。

一、案例介绍

肖某，男，受到学业警告后留级至我班上。该生平时与辅导员、学业导师、室友、同学沟通交流并无明显异样。辅导员平时在工作中注重与学生的日常交流，将其列为重点关注对象，定期谈话，鼓励其主动积极融入新班级。该生自留级到本班以来，总体表现良好。有一天上午，辅导员与肖某网上交流询问课程设计开展情况，肖某回复："感觉很好。"中午突然接到学生反映肖某情绪反常，砸坏电脑、扔掉课本后携带自购的一把水果刀离开了宿舍，给同学挨个发信息，言语表达错乱，一会儿表示感谢，一会儿进行言语威胁，扬言"要跳楼""要杀人"，与辅导员联系时谎称在校内某楼顶。

辅导员迅速组织学生骨干在校内搜寻，并按程序上报学院。其间肖某陆续与数名同学及辅导员发信息，情绪极不稳定，言语挑衅，几近疯狂。经过综合研判，辅导员认为存在极大风险隐患，立即联系家长尽快来校。家长一开始以工作忙为理由推托，不愿来校协助处理。保卫处、学院领导及辅导员一同借助警方力量持续找寻和跟进，了解到肖某下午在某宾馆办理了入住手续但并不在房间，只留下一张纸条。后通过公安部门技术手段得知学生曾出现在高铁站并购买了一张前往杭州的车票。其间该生给辅导员发信息称"准备了大礼""要做一件轰动全国的事情""准备了东西让老师同学形神俱灭""要同归于尽"等。

多番催促后,学生家长一行3人到达学校。经了解,肖某平时对家长多有怨气,认为父亲只顾打牌、母亲不理解自己。家长出于各种顾虑,仍执意不去杭州寻找学生。其间学生与家长通过微信联系,抱怨父母不理解、不关心。同时给辅导员发短信辱骂同学,声称不会让自己被找到、要制造舆论等,室友一直不敢回宿舍,严重影响到室友的学习生活。其他学生家长得知后也向辅导员施压。

第二天,辅导员与学院领导再次与该生家长面谈,动之以情、晓之以理,家长最终改变主意,同意前往杭州寻找肖某下落。学校保卫处积极联系当地社区民警,与辅导员等一行4人陪同家长前往杭州。在杭州警方的协助下顺利找到了肖某,他当时情绪激动,一度反抗并想要攻击父母。经老师们多番劝说,父母才把肖某送到医院检查,最终被杭州某精神病专科医院收治。

整个事件平息后,学生家长充分认识到心理健康的重要性,积极配合该生治疗。学生经过治疗后,情绪较为平和,认识到了自己的行为给室友和同学造成了负面影响,待全面康复后再重返校园继续学业。整个事件处理及时,过程中无人受伤,未造成任何负面舆论影响。

二、案例分析处理

本案例中危机事件爆发时间急促、学生言行偏激、家庭关系复杂、家长观念偏颇等因素都给危机处理带来重重阻碍,给校园安全带来重大威胁。但辅导员在危机处理过程中有理有节、应对充分、安排合理,最大限度地调动一切积极因素,将对重点关注对象的帮扶融入危机化解的过程中,平稳妥善地化解了危机。主要处理过程如下。

（一）研判形势,高度重视,及时上报

校园安全稳定高于一切。事发后,辅导员及时向学院汇报,学院经过初步研判,认为学生心理状态极不稳定、思想偏激,言语中有过激行为的可能性,对校园安全构成重大威胁,存在较大风险隐患,将情况迅速上报学校学生工作部门和安全保卫工作部门,并向学校宿管中心通报情况,多方协同采取安全防范措施。

（二）多方聚力,找寻学生,提高戒备

在校内各个楼栋、校外某宾馆、火车站均搜寻无果,学生留下行李箱及一张字条在宾馆房间内,不知所踪。学校是教育场所,为确保校园安全稳定,必须把危险因素控制在最小范围。辅导员会同保卫处一方面严防肖某随意进出校园,以免其在不理智的情况下做出过激行为;另一方面在校门口等待学生家长来校,同时做好室友及其他学生的思想工作,安抚情绪,提醒睡觉前关闭门窗,适当提高警戒。

（三）全员参与,充分沟通,成功化解

学生家长到校后,态度较为模糊,面谈过程中,学院领导、保卫处干部等人共同参与,深入剖析现在的处境及潜在的风险,体现了校方在家校联系中的坦诚态度和"以生为本"的关怀初心。但是家长一直担心学生受处分,又害怕本就不稳固的家庭关系更加紧张,加上不确定学生是否乘坐火车去了杭州,迟迟不愿前往杭州寻找孩子。第二天,向学校主要领导汇报后,学院党委书记前往学生家长所住宾馆内再次面谈,详细说明工作情况,重点突出对学生身心健康的关心,向家长普及心理健康知识,让家长深刻感受到校方对学生的重视与关注。交谈后,家长转变态度,决定与校方一道前往杭州。找到学生后,家长又不愿把孩子送往精神病专科医院,仍旧认为孩子不存在心理疾病,只是心情不好想要发泄一下情绪,觉得校方是小题大做,坚持送往综合性医院内科门诊就诊。就诊后医生建议转至专科医院进一步治疗,家长却一心想把孩子带回老家医院（县级）。校方考虑到转运途中的风险之后,劝说家长就地治疗,最终学生才被当地精神病专科医院收治。

在后续治疗过程中,辅导员持续与学生家长保持联系,关心学生的康复进度,并协助办理了休学手续,让学生安心住院治疗,并组织班级学生召开了心理健康主题班会,群体教育与个体教育相结合,及时疏导班级学生情绪。

三、工作思考和建议

本案例成功化解了不稳定、不安全因素,让学生及家长感受到学校教育既有敬畏威严的力度,也有春风化雨的温度。学校和家庭承担着学生教育的共同责任,沟通与合作是必然的。千头万绪的学生工作更要求我们未雨绸缪、见微知著,借助良好的家校关系,形成优势互补,不断巩固和增强家校共同教育的合力。

针对校园危机事件,快速反应、积极应对是稳定事态、化解危机的关键。通过这次危机事件的处理,我们更加清晰地认识到学生工作无小事,家校双方应进一步培养共同教育的观念和共识,明确共同教育的责任与分工,增强良性互动,才能更好地促进学生健康成长。

（一）要准确"把脉"重点关注对象

对待重点关注对象,不仅要着眼当下,关心他的在校学习生活,更要放眼全局,排查其家庭情况,深入了解他的生活、思想和情绪变化历程,梳理出"症结"所在。加强与心理咨询中心的沟通联系,提高识别能力和辅导技能,及时发现危机信号。对已经筛查出的重点关注对象,主动关心关怀,定期谈话,边倾听、边预判、边思考,准确把握学生心理状态,同时要与家长保持联系,及时反馈学生在校情况,并保留好相关记录材料。

（二）要树立校园安全工作整体观

校园安全无小事,教育工作者要时刻保持安全警惕性。辅导员作为大学生日常思想政治教育的实施者,更要有以小见大的工作全局观,加强全程管理。一是在日常工作中,要勤进教室、进宿舍、进活动,了解学生所思所想所感,及时回应学生关切问题,深入细致地做好隐患排查。二是要抓好学生党员和学生干部这个"关键少数",安排宿舍时把他们分布到各个宿舍中,让他们成为防范校园风险的"传声筒"和"应急铃"。三是要助力构建完善的大学生心理危机干预预警体系,引导大学生正确看待心理咨询行为,掌握一定的心理健康和危机知识,并鼓励学生积极寻求帮助。

（三）要形成家校联合教育合力

培养教育学生是家校共同的目标和责任,辅导员要架起学校与家庭沟通的桥梁,增进互信与合作,构建良好的家校合作氛围。一部分家长因为知识水平、地域环境等多方面原因,对于心理健康、职业发展的认识存在局限。沟通中存在障碍时,辅导员要耐心细致地交流,及时纾难解困,形成家校共育合力,构建"家校共同体"。对于重点关注对象,要精准了解学生家庭情况、学生成长背景、学生及家长的建议诉求,寻找家校联合教育的"借力点",共同帮助学生确定未来发展方向和制订职业生涯规划,为学生成长成才保驾护航。

原生家庭之伤，挥之不去的痛

金　莹

这几年，有一个被炒得火热的概念——"原生家庭"。似乎现在很多存在的问题都可以追溯回原生家庭。有句话是这样说的："幸运的人用童年治愈一生，不幸的人用一生治愈童年。"原生家庭对我们产生的影响是一辈子的，童年正处于乐于接受一切事物，对这个世界充满美好想象的时期，原生家庭的不幸福会对童年幼小的心灵造成巨大的创伤，短时间内，可能不会爆发负面事件，而一旦出现导火索，就将引发危机，对个人的成长造成不利影响。

一、案例介绍

一天晚上，班长突然打电话给我，说他同寝室的小华（化名）突然感到剧烈腹痛，校医院医生的初步诊断结果是急性肠胃炎，要赶紧就近转院治疗。在安排班长和小华室友陪同照顾小华转院之后，我拨打了小华家长的电话，告知了小华的情况后，便急忙赶往医院。我在路上思索着小华的情况：小华是一名大二学生，家境贫寒，生活上自立自强，学习成绩优异。在到达医院后，我从班长那里得到了小华的检查报告，确诊其为急性胃出血。

在询问了小华室友他最近的具体情况之后，我发现小华最近经常在寝室里吃泡面，经常不吃早餐，下课就回寝室躺着。我尝试询问了小华最近异样的原因，发现他支支吾吾，嘴唇动了几下，就不说话了。

将近晚上 10 点，我留下了班长，让同行的小华室友先回学校。在送他们走出医院的路上，我向他们询问了小华的生活情况和学习情况，并在返途时再次拨打了小华家长的电话，详细告知小华当前的情况，得知他们已经在赶来的路上。我顺路去商店给小华买了些营养品，回到病房，告诉小华其父母正在赶来的消息，让他心情放松。小华见了我手中的袋子，表情有些闪躲。晚上 11 点，小华家长赶到了医院，见到了父母，小华微笑着，随后又表现出失落。

二、案例分析处理

通过与小华室友、同学的沟通，发现小华是在短期内突然出现封闭自我、作息异常和饮食不规律等情况。从性情突变的角度出发,结合小华的个人情况,可以总结出小华突然的改变可能是由于自身原因或者家庭原因。

一是幼年时期受到父亲的打骂,在他心里埋下了自卑的种子。在学校里小华只顾埋头学习,不愿也不敢大胆尝试大学里的新生事物。长久以来,他都缺乏一个让自己重拾自信的机遇。

二是家庭经济危机令小华生活拮据。成绩下滑的同时,他也失去了获得奖学金的资格,虽然有助学金和助学贷款的维持,但仍是杯水车薪。小华不仅经常用泡面代替午饭晚餐,更令我震惊的是,他每天早晨直接从寝室出发上课,却从没有吃过早餐,时间一长,诱发了严重胃病。

三是自身不善交际的性格,导致他缺少朋友,更缺少一个可以袒露心事的对象,满腔苦楚无处倾诉,他感到无尽的孤独和委屈。

四是团支部推优大会上的失利和其父亲日渐严重的身体疾病更是导致小华产生消极情绪的导火索,让他彻底对自己不公平的命运绝望,再加上对未来还贷的忧虑,内心"心比天高,命如纸薄"的落魄与无助感油然而生。

作为辅导员,面对这种情况,需要解决几个问题:一是如何让小华袒露心扉,好让我们了解此事的前因后果,做出正确的教育引导,帮助小华解决问题;二是如何做好小华和家长之间的沟通桥梁角色,帮助小华父母理解小华的难处与困难;三是如何关注、治疗学生心理健康问题。解决这些问题可以参考以下几个步骤。

(一)安抚小华,走进学生内心

通过在医院陪同他、照顾他,耐心地安慰他、鼓励他,帮助他放松心态、缓解疼痛。通过多方深入调查对其家庭情况背景进行了解,向室友询问、与家长交谈,对其深层次心理问题追本溯源。

在小华住院期间,我不仅经常去看望他,还组织了小华班上同学前往医院探望慰问。在一个时机恰当的下午,我以知心朋友的身份对他的想法和遭遇再次进行了关切询问。此时,小华终于不再对我有防备,哽咽着袒露了心酸事由。至此,经过我和同学们的不懈努力,初步解开了小华心理变化的谜团。

(二)家校协同,帮助小华走出心理困境

由于父母思想的局限性,小华在年幼时期,经常遭到父母的责骂和体罚。小华性格倔强刚强,但实际生活中却表现内向,心灵深处充满自卑。我多次与小华家长通过电话沟通，将小华的真实想法与家长交流，做好桥梁作用，与家长达成共识，引导家长支持小华，关注小华的内心世界，与他做朋友。在征得小华的同意下，我为小华申请了在校的勤工助学岗位，每周固定几天中午在邻近宿舍的食堂打扫卫生，工作较为轻松，按月给予报酬，同时由食堂提供餐饮，既缓解了小华的家庭经济危机，也避免了他长期以泡面代餐，为其身体健康提供保障。

（三）利用朋辈力量，共建心理治愈方案

小华出院后，我仍然继续致力于消除他和老师、同学们之间的距离感。我联系并委托班长，主动邀请、鼓励他和班内几个小伙伴一起选修轮滑体育课，带他一起玩耍，教他轮滑技巧。对于小华来说，轮滑是他从来没有接触体验过的新鲜事物，而健康又有趣的有氧运动最容易让人从低迷的心境中走出来。穿着轮滑鞋全身心地投入在轮滑中的时候，那种速度与热血的碰撞，让小华暂时忘记烦恼和忧愁。此外，轮滑课上小伙伴们互相搀扶、共同练习，休息时一起畅谈人生理想，潜移默化地增进了小华与其他同学之间的感情。

在大一转专业考试后，班内的副班长一职始终空缺，鉴于小华心思细腻、态度认真，学习状态逐渐回升，班上的同学一致推选小华为新任副班长。当选副班长后的小华感受到了自己肩负的责任，不但把班级日常工作和自己的生活安排得井井有条，还以自身为例，纠正了班内很多同学的不良生活习惯，没有辜负老师的期望和同学的信任，获得了大家的一致好评。

（四）深度剖析原因，引导帮助处理问题

为进一步解开小华的心结，帮助他建立自信，我在与他交流谈心时，深刻剖析了他在上次团支部推优大会上失利的原因：参与团学活动和组织生活少，缺乏群众基础。时值四月，学校举办求职简历制作大赛，小华在我的鼓励下勇敢参赛，经过我的细心指导和他自己的悉心准备，小华在赛场上克服了自卑，超越了自我，比赛过程中讲解流畅清晰，表现十分优异，荣获了一等奖的好成绩，令小华倍受鼓舞。

三、工作思考和建议

集体的力量是巨大的，集体的大爱更是无价的，这份凝聚了老师、同学真切关爱的温暖，如同涓涓细流途经百川，又像春风化雨润物无声，终于消除了小华内心的桎梏，而这件事也给了我些许思索和启示。

（一）关注困难学生心理状况，深度剖析问题

"冰冻三尺，非一日之寒"，想要彻底解决小华的心理问题，让心灵回归正轨，朋辈的帮助和老师的指引缺一不可。作为辅导员，未能在小华病情显露之前发现异常，我深感愧疚。在今后的工作生活中，特别是在心理问题上，我会更加注重捕捉细节，与宏观视野相结合，进而抓住要领，高效解决问题。

（二）调动多方力量，共同帮扶困难学生

"只要人人都献出一点爱，世界将变成美好的人间"，生活在一个温暖的集体，就拥有了一个温暖的世界。在个人遭遇困难时，集体会施以援手；而集体需要个人时，个人也必将挺身而出。所谓帮助，其内容并不仅仅局限于物质和金钱上的支援，更多的是要以情感人、以理助人，情理结合，根治心病。

（三）提升综合能力，做学生的知心朋友

辅导员奋战在学生工作一线，要注重自身能力的提升，多学习、多思考，既要有帮学生提出问题、敢于发言的勇气，又要有敢于解决问题的智慧，注重积累和总结，善于预判和预防，因材施教，不让任何一个学生掉队。

第六篇
规划事业线:破茧成蝶

　　就业是民生之本,是一个国家发展壮大的重要基础。辅导员在毕业生就业过程中,发挥着至关重要的作用。面对错综复杂的就业形势,毕业生往往感到迷茫,不知何去何从,陷入眼高手低的浮躁状态。辅导员要及时了解学生的职业规划,倾听他们内心的想法,加强就业指导,帮助学生建立合理的就业目标,鼓励他们在各岗位为党和人民建功立业,引导他们努力奋斗、积蓄力量、丰满羽翼,用青春和汗水浇灌出梦想之花,最终破茧成蝶、翱翔蓝天,实现人生理想。

做自己梦想的规划师

黄亚玲　毛丽素　杨海铃

　　刚刚踏入大学校园的学子，都怀揣梦想，期待着大学校园生活，但许多同学却又对未来没有具体的规划，很容易陷入迷茫。如何助力学生聚焦自身、主动规划未来是辅导员日常工作重点之一。本案例聚焦一名转专业的学生，剖析其对于未来产生困惑的原因，帮助其规划好自己的职业生涯。

一、案例介绍

　　小叶（化名）今年大一，刚刚转专业到我的班上。有一天她主动到办公室找我，一脸愁苦的样子，让我感觉这个小姑娘最近的心事颇重。由于办公室来往的人多，我主动提出和她一起出去走走。一出办公室大门，她便开始狂倒苦水："老师，我感觉挺迷茫的，换了一个新专业，可是我仍然提不起什么兴趣。我爸每天给我打电话就是让我好好学习、好好学习，可是就算我好好学了，毕业后我的方向在哪儿我都不知道。"我安静地听完她的倾诉，了解到小叶转专业前在班级成绩排名中上，后听说有转专业机会，抱着试一试的态度参加了转专业考试，并顺利转至现专业。"你对所学的专业了解多少？就业的领域涉及哪些？对大学阶段有什么规划？对未来的职业规划有什么打算？"当我问及这些，小叶一脸蒙，然后说道："老师，这些我还真没想过，我只知道我之前很迷茫，于是申请转专业，现在如愿了，仍然很迷茫，内心很焦躁。"

二、案例分析处理

　　本案例反映的是学生对大学生活的盲从和不适应，不了解所学专业，缺乏从学业到职业生涯的规划。解决该问题的关键点在于如何帮助小叶正确认识自己迷茫情绪的源头，从而引导小叶树立正确的发展方向，科学规划大学生活，做好职业生涯规划。

（一）针对个性，精准施策

　　根据学生个体特征，指导学生悦纳自我，发现自己的能力和兴趣方向。自我意识的发展过程是个体不断社会化的过程，也是个性特征形成的过程。认识自我与悦纳自我,直接影响着健全个性和健康心理的养成,这就需要引导学生学会客观地认识、评价自己的优缺点,发现自己的能力和兴趣方向,形成比较清晰的自我整体形象,同时懂得悦纳自我的重要性,并学会悦纳自我。在入学教育之后,小叶对自己的专业不了解,对要转入的专业不了解,问题在于自己没有发现兴趣所在,陷入了选择专业方向的迷茫。可以通过一些教育活动来促进小叶自我意识的发展和情绪情感的积极体验,同时让她认识到要在积极的社会实践活动中成就自我,让自己的校园生活丰富起来,在活动中积极探索自己的兴趣和爱好,不断肯定自己以获得自信。

(二)全面评估,做好规划

让学生产生自主意识、规划意识。一般来说,学生在大一阶段对大学生活缺乏了解,往往在很长一段时间里对于怎样利用宝贵的时间和有限的资源感到困惑,而此时如果不能及时给予学生指导,则会使学生经历许多本不必经历的挫折。产生规划意识,主动去获取信息,有助于学生更好地开启大学生活。针对小叶的个案,作为辅导员,我会在引导小叶的同时,通过多种形式在班级中引导其他学生意识到时间规划、学业规划、职业生涯规划的必要性,在尊重学生意愿的前提下高年级学生经验分享、收集心愿卡等活动,引导学生培养规划意识,学会主动获取信息。

(三)借助力量,增强认同

加强学生对专业的了解及认同,有助于学生确立理想职业和发展目标,更好地规划职业生涯,并在学习生活中更加积极地体验和参与。一般来说,可以通过入学教育、专业学习导论、图书馆资料查阅、定期与不定期的专业类论坛讲座、参观体验、实习实践、优秀校友经验分享等多种形式,让学生在大学初级阶段即建立起对所学专业的兴趣,找到兴趣和职业选择的结合点,了解相关职业对专业人才素质和能力的需求,从而清晰规划未来的发展方向。小叶在转专业前后都缺乏这样的意识,入学初期也没有向辅导员表露自己当时的思绪,而是寄希望于转专业来改善自己的情况。现在小叶已转入新专业、新班级、新宿舍,还需要联合学生干部、宿舍舍友,共同带动她通过多种途径来增强对现专业的认识及认同。

(四)有效指导,耐心陪伴

对学生的引导往往不是一蹴而就的,需要长时间、多角度地观察和指导。一方面,小叶需要意识到迷茫的源头,愿意付诸行动来改善现状;另一方面,从多种角度来引导她、陪伴她,包括创造良好的宿舍环境、组织校内外活动等。同时,联合家长来共同引导学生主动和他人交流,甚至通过家长来增强学生对各类职业的认知程度。用真诚和爱心给小叶温馨的关怀和体贴,引导小叶建立自信、重塑自我。

三、工作思考和建议

(一)转专业前期指导和干预的重要性

高校中的专业转换,赋予了学生根据专业兴趣特长、学习能力等实际情况进行专业选择的权利,为的是给学生的个性化发展创造条件。但是有部分学生盲目跟风,甚至一味地将转专业作为"万能药",转专业前的指导和干预的重要性由此凸显。辅导员要对学生进行准确的评价,认清其转专业的真正原因,在合理满足学生需求的同时进行合理疏导。一方面,对于不是由专业不对口引起的问题,可向学生提供支持和辅导,通过诸如培养专业兴趣、提高人际交往能力等手段来帮助学生在继续原专业学习的同时解决问题,提高总体适应程度,避免部分学生盲目转专业导致的后续问题;同时联系专业老师多引导学生,培养专业兴趣,认清专业的发展现状与前景,提高专业满意度。另一方面,对于确实由于专业兴趣不符、专业满意度低下而导致严重不适应的学生,辅导员可以及时指导其合理地申请转专业,通过重新选择感兴趣的专业来帮助学生树立信心,促进个人发展。

(二)大学初级阶段学生做好职业生涯规划的重要性

大学生对未来感到迷茫,实际上是其对专业认识不清晰,没有进行职业生涯规划或者对自己的人生目标缺乏正确定位的体现。大学初级阶段学生做好职业生涯规划对个人成长具有重要意义,可以在大一阶段普遍开设职业生涯规划课程,帮助学生认清形势、找准位置,合理安排学习生活,使其更加明确奋斗目标,提高综合素质,促进个性化发展。在实际工作中要针对学生的具体情况,引导其根据个人兴趣、特长和专业所学做好职业规划,探究个人成长路径,使学生大学四年目标明确、实施路径清晰。

(三)形成教育合力

培养全面发展的高素质人才是高等教育的核心任务,为完成这一任务,需要明确开展大学生教育的各类群体所发挥的作用,包括辅导员、"两课"教师和专业教师、宿舍管理员、家长、同学等,进而建立"多位一体"的大学生教育合力机制,明确分工的同时开展高效合作,发挥整体效应,形成教育合力,切实提升思想政治教育的实效性。

看"小镇做题家"如何"破题"

常玉凤　李美霞

"小镇做题家",网络词汇,指的是出身小城,埋头苦读,曾凭借"刷题"和超强的应试能力,在选拔性角逐中实现阶层的跨越,但缺乏一定视野和资源的青年学子。大学校园中,不乏此类"小镇做题家",出身贫困家庭,学业优异,临近毕业时希望能站在更高的平台上,实现高质量就业,从而摆脱家乡的束缚。本案例旨在引导"小镇做题家"们树立正确的就业观,读书不是为了摆脱家乡的束缚,而是为了帮助家乡摆脱贫困。

一、案例介绍

2022 年 6 月,在竞争激烈的就业季,高校大学生伍拾忆(化名),在个人社交平台上发布了一条新的内容:"一毕业就失业,确认过眼神,我们都是打工人。"配图是黑白色的色调,一个少年独自坐在桥上,望着冷森森的月光。

我在看到这条动态后,立即与伍拾忆电话联系,但伍拾忆没接电话。随后我立即拨打了他室友的电话,室友表示伍拾忆刚刚离开寝室,最近可能因多次找工作无果后碰壁,有点一反常态,有时情绪崩溃,会在宿舍撕扯东西。第二天,我约了伍拾忆面对面沟通。经过深入交谈,他逐渐在我面前打开了心扉,向我袒露心声。伍拾忆从贫困地方历经千辛万苦考入双一流高校,在大城市中却始终找不到令自己满意的高薪工作。

二、案例分析处理

案例中的伍拾忆,家庭经济状况不是很好,家乡教育资源相对落后,但一直都矢志奋斗,笃行不息,凭借自身努力考入名校,心中一直有一份傲气。在就业方面,希望大学毕业后能在大城市谋得一份高薪稳定的工作,不愿意从小镇出来最终又回到家乡,他想跳出束缚自身发展的牢笼,飞往更远的地方。在找工作过程中,没有找到称心如意的工作,择业自信心受到重创,没有及时调整心态,在现实生活中也没有找到排解的方法,导致开始远离人群沉浸在自己的世界里。

探究该种现象的原因:一是过度理想化,学生从高考大军中脱颖而出,顺利进入名校，站在了一个更高的跳板上，自以为毕业之后就能顺利找到高薪工作，从此就能扎根于大城市；二是心态失衡，面对找工作的种种不如意，一次次被现实打倒，找到的工作不符合自己的心理预期，心态逐渐失衡。这样的心理失衡容易让过去斗志昂扬的学生变得萎靡不振，丧失再次尝试的勇气，从而将自己封闭在自己的小圈子里。

本案例的解决思路要把握两个方向。一方面是知其所需分析利弊。大城小镇各有各的优势，各有各的幸福，对于工作环境、生活环境以及个人价值上的考量是多方面的，要对伍拾忆本身的想法清楚了解，帮助他分析出相对合适的就业方向，引导他解开心结。另一方面是以点带面，辐射集体。要以典型案例作为抓手，努力解决一系列类似问题，从实现个人就业到实现集体就业。

（一）点对点，正确引导，转变就业观念

以心换心，通过谈心谈话等多种形式深入了解学生的实际情况和真心所想，才能助力后续工作的顺利开展。在本案例中，学生从长时间盲目自信、过度理想化，到现实就业情形的心态失衡，导致学生就业自信心受挫，情绪失控，进而严重影响学业及社交。往往这时，学生很容易抵触交流，甚至有过激言行，而辅导员此时应该通过轻松的场所、愉快的方式来与学生交谈，缓解其紧张情绪，并引出在面对复杂多变的形势下如何实现就业的话题，以亲身经历来引导学生正确看待就业问题。通过对话和实例，让学生逐渐转变就业观念，鼓励学生扎根一线基层，奔赴乡村，在乡村振兴中发挥智慧与才干，将"小我梦"与"大我梦"血肉相连，让家乡人民的生活水平跃上新台阶。

（二）点对面，多措并举，发挥能动性

多渠道搭建就业平台，畅通乡村岗位募集平台，搜集大学生回乡创业的成功案例，激发学生回乡创业的积极性，采用线上线下相结合的方式，帮助伍拾忆一起主动了解和接受大学生回乡就业的信息，使其建立起对未来大有可为的憧憬，感受到自己被需要的快乐，鼓励他把就业成才的梦想写在家国情怀的"答卷"上。

（三）面对面，以小见大，互帮互助

大城与小镇的困惑和抉择不是个例，高校毕业生很多都会遇到诸如此类的问题。要想大范围地解决这种问题，就要发挥典型案例的作用，以点带面，以小见大，树立正确择业观，促进就业工作向好发展。在形式上，可以通过宣讲团进行覆盖宣传,组织有投身家乡、返乡创业经历的校友分享经验,传递积极信息;也可以通过企业招聘来突出回乡发展的优势,鼓励他们怀揣热情奋斗自我,实现人生价值;还可以通过数据统计、走访调查的方式分析小镇青年生活的幸福指数,通过对比大城市和小乡镇之间的区别,将学生所纠结的问题实际化、具体化,让他们慎重选择,仔细思考。以小团队辐射大集体的做法,鼓励他们磨砺"小我",铸就"大我",追求"无我"。

三、工作思考和建议

(一)响应国家政策,实现人生价值

人们往往在思考问题时容易受到主观影响而犹豫不决,患得患失。在学生成长过程中,需要辅导员不断引导,引导学生积极响应国家号召,投身家乡建设;鼓励学生走出寝室,了解学校多彩的生活,指引学生找到自己就业的方向,让青年在更多岗位挑大梁、当主角,自觉将爱国情、强国志、报国行融入实现家乡振兴中去。

(二)增强自信自立,拒绝随波逐流

青年学生正面对错综复杂的新时代环境,在涉世未深的情况下容易出现随波逐流的情况,而失去独立思考后的道路前方将会是一片雾霭。在就业的大浪潮中,匹配能力的工作,梦想生活的地点,都是学生择业过程中所看重的,可二者却在很多时候不能兼得,这也是学生选择工作时所纠结挣扎的地方。恰恰在很多犹豫的背后,是内心的不甘和攀比,被身边同行人的工作环境和生活模式同化,是失去独立思考后的结果,会让自己越陷越深。因此,对学生的引导也要从增强自信自立、拒绝随波逐流开始,让莘莘学子在就业过程中,最大化地实现自身价值,提高生活幸福感。

到祖国最需要的地方去

常玉凤　王伟峰

要切实保障基本民生,托底民生,就要抓就业"牛鼻子"。就业是民生之本,是发展之基,也是财富创造的源头活水。就业市场对人才需求的标准不断提升,大学生的就业压力也逐年增大。统计显示,最近五年,我国高校毕业生人数连年猛增:2018年突破800万大关,达到820万;2019年为834万;2020年增至874万;2021年涨至909万;2022年毕业生规模达1076万人;2023年为1158万人,规模和增量创历史新高。随着高校毕业生的就业形势日渐严峻,"慢就业"现象更是新时代下高校毕业生就业生态中的新问题、新常态。

一、案例介绍

小王(化名),艺术专业研三学生。在某次招聘宣讲会前,考虑到宣讲企业规模大,招聘岗位需求与学院培养专业方向一致且人才需求量大,我马上将宣讲信息转发给小王,并与他电话联系,告知宣讲会相关内容。但是小王接过电话后,直言自己对宣讲会不感兴趣。随后,我将小王请到了办公室进行了面对面的沟通。究其原因,小王表示还没有明确就业意向,对就业持观望态度。

经过与小王谈心谈话,他逐渐在我面前打开了心扉。小王曾多次在家乡的乡政府实习锻炼,于是首选的就业方向就是政府、事业单位,遗憾的是国考、省考都未能"上岸",多次的考试失利,极大地打击了他的自信心。在错过了秋招、春招后,小王也向几家公司投递了简历,不是企业招满就是待遇不理想。小王告诉我:"自己好歹也是研究生毕业,要和本科生一样上工地岂不是屈才了。"此后,小王便不再参加各类招聘宣讲活动。

二、案例分析处理

案例中的小王,因为个人主观因素而消极对待就业。究其原因有四点。其一,就业观念存在偏差。缺乏吃苦耐劳、锲而不舍的精神。常言道"万丈高楼平地起",任何事业都要从基层做起。嫌苦怕累、心高气傲的就业观念是成功路上的绊脚石。反而,若有"到基层去、到西部去、到祖国最需要的地方建功立业"的意志,扎根基层,也许能寻得广阔天地。其二,自我认知不够准确。很多毕业生在就业时存在眼高手低的现象,不能准确评估自身素质和综合能力,反而对工作单位横加挑剔,导致高不成低不就。正所谓"一屋不扫何以扫天下",成大事者"必先苦其心志,劳其筋骨"。青年不妨从基层、实际操作性强的工作岗位做起,刚开始可能做一些在人们看来很"低级""无效""乏味"的工作,但在做的过程中可以逐渐找到适合自己的更加有效的方式。其三,择业理念亟待更新。一味追求"铁饭碗",将全部就业希望寄托于公务员、事业编考试,非编制单位不就业,跻身"考碗一族",是当前很多毕业生的真实写照。狂热的追求,随大流式的择业,反而让自己迷失在其中。是否适合做这份工作?是否有能力承担这份责任?在这些问题还没考虑清楚的情况下猛撞南墙,不是一种健康、积极的择业观。其四,就业心理素质较差。当面对失利或连续失利的情况时,无法及时调整心态,容易产生自卑心理,抗拒就业,这时更需要一种"仰天大笑出门去,我辈岂是蓬蒿人"的洒脱心态。换句话说,对于毕业生来说,要调整就业的期望值,要看到社会激烈的竞争,更要看到当自己的能力不足以成为就业谈判的筹码时,我们必须努力提升自己,掌握岗位中的各种技能,这是一场"战争",需要自身兼备各方面能力,才能取得最终胜利。

本案例的解决要将解决思想问题和实际问题相结合,其一要让小王思想上认识到应届毕业生的身份是非常宝贵的,作为成年人要肩负起努力工作的重任,先就业再择业;其二要多措并举帮助他解决就业问题,联系导师、家长等各方资源为他积极推荐岗位,推动学生积极就业。具体包括以下几方面。

(一)思想引领贯穿就业全过程

辅导员要以立德树人为根本任务,加强理想信念教育,让"四个自信"深入学生心中,积极培育学生的家国情怀、责任意识与担当精神。在选择工作岗位方面,辅导员要教育学生以从事为国家、为人民服务的职业为荣,引导学生树立正确择业观,掌握通用劳动科学知识,深刻理解马克思主义劳动观和新时代和谐劳动关系,培养学生具有到艰苦地区和行业工作的奋斗精神,使其懂得空谈误国、实干兴邦的深刻道理。

(二)引导学生合理地自我定位

引导学生将个人发展融入历史发展的大潮之中,从社会角度、用人单位角度正确评析自我能力。从入学之初便开设职业生涯规划课程,带领学生进行自我认识、自我分析和自我定位,规划合理的就业路径。理清自身的优势与劣势,结合兴趣、所学专业、岗位需求、行业发展等,制订与自身匹配的就业计划,切忌眼高手低。

（三）营造创新多元的就业氛围

转变服务方式,突出咨询、帮扶与服务功能。主动将符合个人需求的就业内容发送给小王,在主观上激发其求职的内在动力。"当代青年思想活跃、思维敏捷、观念新颖、兴趣广泛",因此,新生的网络就业岗位、时间灵活的自主创业更适合新生代。多种方式开源拓岗使大学生扩大择业视野,增添备选岗位范围,进一步助力毕业生实现更高质量、更充分的就业。

（四）积极开展求职就业心理辅导

面对逐年攀升的就业压力,毕业生的心理状态更应得到重视。家庭、社会、高校对于毕业生就业的关注度越来越高,毕业生站在人生选择的十字路口,接受来自各方的"审判",容易产生挫折心理、自卑心理、从众心理、盲目攀比心理等。利用讲座、座谈会、案例分析、网络微课等方式对小王开展就业心理教育,完善就业心理个案帮扶措施,对类似表现的毕业生给予心理预警提示,提高大学生心理素质。

三、工作思考和建议

（一）在危机中育先机,于变局中开先局

促进大学生就业是就业工作的重中之重,保障大学生顺利、高质量就业,需要国家、社会、学校、家庭、学生形成合力,如何下好"先手棋"、打好"主动仗"、牵住"牛鼻子"、种好"责任田"是解决大学生就业问题的关键。辅导员应当提前开展调查统计工作,掌握学生就业意向,针对性开展引导;通过专题教育、主题班会等形势,引导学生正确认识就业形势,树立危机意识,把握机会;结合学科专业特色开展就业服务,针对学生求职过程中存在的问题,通过经验交流分享会等形式,提高学生求职的过关率;建立毕业生就业信息动态数据库,做到全员帮扶、全过程指导、全方位关注。

（二）世事洞明皆学问,人情练达即文章

当下,对于大学生而言,除了学业以外,更重要的是培养独立思考能力、逻辑分析能力、政治感悟能力。接受过良好教育的大学生,站在了象牙塔上,不能仅仅将目光放在解决个人"温饱"的利益上面,眼光应该更加长远,格局应该更加宽阔,在关心国家大事、时事政治之中,获取生活的密码,把握就业的方向,实现人生的价值。青年强则国家强,青年一代要增强做中国人的底气、志气与骨气,真正做到对党、对国家的光荣承诺——"请党放心,强国有我!"。

"云就业"中倾听诉说，于分享中见证成长

党　姗　孔柠檬

近两年来，国内高校毕业生规模史无前例破千万，考研、考公人数激增，大小企业当前经济形势压力倍增。受国际国内新冠疫情和经济下行压力双重影响，高校毕业生就业形势极其复杂严峻。很多学生对未来就业产生了迷茫，不知所措地徘徊在原地。但无论大学怎样度过，都不应妄自菲薄。忆往昔觅心中梦想，致远方需脚踏实地。

一、案例介绍

学生小红（化名），女，经济类专业研究生毕业班学生，家庭经济比较困难，母亲因重病于小红研二时去世，父亲再婚。小红自我要求极高，性格要强，临近毕业，面临人生选择，在犹豫和徘徊之中最终选择了考博。但是，后续考博失利的结果给她造成了巨大的打击，也迫使她不得不重新面对就业问题。考博时自我封闭的状态让她隔绝了相关就业信息，特殊时期影响又使她暂缓返校，且大部分线下宣讲、招聘会改为线上，加之自身求职目标较高且性格内向，简历投递后杳无音信，一时找不到努力的方向，看到身边同学都找到满意的工作，很快陷入求职受挫困扰中无法自拔，出现迷茫、纠结、自我怀疑等复杂情绪，甚至出现失眠等状况。

二、案例分析处理

此案例反映的是学生受社会、家庭、自身性格等各方面影响从而产生悲观失望、失去信心的就业心理问题、自我心理调节能力弱，朋辈间差距导致心理失衡，反映了学生未及时做好充分的职业生涯规划的问题，实质上是思想价值引领问题。在解决该问题时，首先要帮助小红走出心理困境，正确认识自我和家庭的关系，自我期待，重拾自信，恢复平和稳定的心理状态，激发就业动力；其次是指导小红做好职业生涯规划，明确选择方向，确定合理的就业目标，提高求职能力和就业竞争力；最后加强价值引领，解决学生产生问题的内因，进而解决其他方面的问题。具体措施如下。

（一）"云指导"，端正就业认知

网络时代背景下，"互联网+"教育因时而进、因势而动、因育而行，线上教育快速发展，统筹支撑教育高质量发展。与传统线下途径的就业指导相比，云端平台以其便捷性和时效性受到重视和发展。作为高校的指导就业部门，也要转变工作思维，充分利用新媒体，如微信、微博、QQ、抖音等开展形式各样的"云就业"指导，以"互联网+"模式推进大学生精准就业。同时充分利用大数据，结合本校特色，分析适合本校学生的就业出口，并且抓住黄金就业期和重要时间节点，吸引就业单位提供招聘信息，指导毕业生重视校园云端大型双选会，珍惜秋招、春招契机，激发就业单位招贤纳士的激情和学生个体走出去的主观能动性，实现单位招聘和学生就业的"双向奔赴"。身为辅导员，就是要引导毕业生做到不盲从、不畏惧、不逃避，主动出击，一鼓作气先就业再择业。在此过程中，以倾听为主，判断小红心理问题的严重程度，必要时带其到学校心理咨询中心进行专业咨询。基于认知行为疗法，观察发现小红存在不合理的就业认知，首先要做的就是尽可能帮助她挑战自身已形成的核心信念，重新面对自己、评价自己，重建信心，更改认为自己"不好、不行"的认知。通过与小红三到五天一次的QQ语音通话，我以姐姐的角色与其相处，从日常生活、人生理想聊起，由浅入深，了解到小红当时努力考博，也是想以后在高校工作，教育育人。抓住此次契机，我开导小红只要矢志奋斗，不仅可以实现自我价值，还可以在祖国的大好河山展露拳脚、大有作为，回报国家、学校的培养，改善家庭的经济状况。

（二）"云课堂"，提升就业本领

发挥"云课堂"的作用，通过小视频、网络直播等学生喜闻乐见的方式为毕业生提供在线就业指导，辅导员化身"网红主播"，帮助毕业生转变就业观念、打开就业思路、拓宽就业渠道。每周固定时间邀请校友做客"就业直播间"，面向毕业生分享求职、考研、出国经验，邀请"应征入伍""西部计划""三支一扶"等基层一线就业的优秀校友分享经验，做好政策解析。同时开展线上求职导航实训工作坊、求职简历大赛，从投简历、线上面试、面试礼仪、抗压能力等各方面，全面提升学生的求职竞争力和就业本领。我主动求助学院的就业指导老师与我共同量身定制最适合小红的就业方案，结合她自身的职业愿望，重点推荐教育相关的工作岗位，比如职业院校教师、辅导员和特岗教师等。经过一个月的努力，小红凭借自身较高的政治素养和对教育事业的热爱，成功考取某职业学校辅导员。

(三)"云招聘",搭建就业平台

利用校友、老师、家长、就业信息平台等广泛收集就业信息,提供就业咨询指导,坚持"引进来""走出去"双向模式,通过实习实践、实地走访带领学生调研企业,让学生"真听、真看、真感受",提升认知水平,打消就业焦虑。此外,还要做到就业规划前移,未雨绸缪。在学生初入学阶段,就要让他们了解到校园和社会的区别,做好职业生涯规划,转变学生思维,积极应对机遇与挑战,踏实学习、积极实践,让自己在走上工作岗位时,迅速完成从"校园人"到"社会人"的转变。

(四)"云档案",做好就业帮扶

无论是大学新生,还是毕业生,都要充分利用大数据做好就业意向摸底,了解每位学生的就业意向及签约情况,并建立就业云档案,做到"一生一策"。同时实行动态管理,针对家庭困难、性格内向、专业成绩较差的重点关注学生,实行一对一帮扶,精准推送招聘信息,优先推荐就业单位,及时了解掌握重点群体思想动态和心理状况。

三、工作思考和建议

(一)农村经困生的职业生涯教育更需重视

这类学生群体在大学生中占据一定比例,一方面,他们承载了家庭极高的期望;另一方面,他们往往缺乏职业生涯规划意识,就业时不知道该何去何从。因此要关注这类学生职业生涯规划的持久性和动态性,贯穿四年,立足现状,以职业生涯规划教育切入,帮助学生树立远大理想,矢志艰苦奋斗。

(二)职业生涯规划知识和技能应当掌握

开展职业生涯规划教育需要具有科学的知识结构,掌握特定教育规律,其中各个环节之间是彼此联系的。因此,辅导员要有意识地加强学习,掌握职业生涯规划教育相关的知识和技能,以发展的眼光着眼于学生的当前问题,把握教育契机,将大学生职业生涯规划教育融入日常思想政治教育工作中。

当前,大学生"云就业"优势与困难同在,机遇与挑战并存。"云就业"常态化、制度化和精准化是时代发展的必然要求,要做好大学生云端就业,优先做好大学生就业观教育,引导毕业生树立正确的价值观、就业观、择业观。

助残有爱，就业无碍

就业是民生之本，更是残疾人毕业生改善生活状况、融入社会、实现人生价值的主要途径。据统计，2022年我国应届高校残疾人毕业生达29549人，这一数字再次刷新了历史新高。残疾人毕业生数量的增加，对高校就业工作提出了更高的要求，面对徘徊在失落与希望之间的残疾人毕业生群体，需要千方百计地做好就业困难毕业生的重点帮扶工作。

残疾人毕业生的就业帮扶，要秉要执本，更要换位思考。帮扶的力度过大，很容易让学生心理产生负面情绪，自我怀疑；帮扶力度过小，效果又如一拳打在棉花般。因此，真正了解学生情况，走入学生内心，知学生所想，解学生所困，帮学生所需，才是高校辅导员应尽之责。

一、案例介绍

小新（化名）是一名2022届高校毕业生，身体残疾。和其他同学一样，小新从2021年9月开始精心准备着简历，跃跃欲试投递给心仪的公司等待面试，但令他没想到的是，得到的回复却都是拒绝，原因是身体条件受限，无法满足公司的工作需求。小新是工科毕业生，工作单位大多需要到现场进行作业，这才导致很多用人单位拒绝了他的面试请求。本想着抓住"金九银十"的就业时机大显身手的小新，却在屡屡碰壁的现实中垂下了头。而也是这个时候，我打通了他的电话，询问起最近的情况，他开始向我吐露心声，将就业碰壁的事情一一诉说了出来。

在电话中我了解到他因身体原因在就业时遇到的种种困难，也发现他逐渐开始失去了最初面对就业时的积极态度，开始有了失落、悲伤、无措的情绪，这对他后续就业和学习生活都有很大影响。我深知此时必须消除他内心的挫败感，让他摒除心里的不自信，于是我通过耐心开导、积极鼓励以及有效帮扶，让他重新找到了就业方向，利用学校资源为他推荐，最终成功被一家公司录用。

二、案例分析处理

案例中的小新，最初抱着积极的态度去尝试就业，这是值得肯定的。但是，他在投递简历的过程中,没有考虑到自身条件和工作岗位的相关性,导致因为身体条件而屡屡碰壁,产生了自我怀疑,甚至有些自暴自弃的情绪。这些负面情绪积累到一定程度时,将会对他的自信心造成很大打击,从而使他对就业的态度急转直下,由希望变成失望。

究其原因,**一是就业方向不够准确**。首先,高校毕业生所学的专业、能力都不尽相同,且差异明显,对于就业而言,专业对口仍然是目前的主流趋势,在就业时首先要考虑专业合适的单位;其次要找寻符合自己能力的岗位,让自己才配其位;最后要让自己的身体条件适配工作性质。只有满足这三个条件,才可以找到真正适合自己的工作,在岗位上才能最大程度地发挥光和热。对于残疾人毕业生群体,更要对自身情况进行全面评估,扬长避短,以勇敢博机会,以长处赢喝彩。**二是心理调节不够及时**。在屡遭拒绝后,多数人都会有失落的情绪,之所以产生失落,是因为对其抱有很大期望,才会在没能达到预期的情况下垂头丧气。而恰恰这个时候最需要的是怀有"尽人事,听天命"的心态,只有保持积极乐观的心态,才能积极向前,活出精彩人生。

本案例的解决不能只靠一方努力,就业问题涉及学生、辅导员、用人单位和学校相关部门,要多方联动才能取得成效。具体有以下三点解决措施。

(一)建立帮扶台账,提高就业保障

针对残疾人毕业生群体,抑或是其他有特殊情况的学生群体,要建立详细的台账,做到"一人一档""一人一策",对于他们的自身情况和家庭情况等要一对一地进行摸底调研,详细记录,及时更新。台账的记录,做到了未雨绸缪、有备无患,在就业工作中,可以通过台账及时关心和跟进困难群体的情况,有助于工作的完成,也很大程度上提高了他们的就业保障。

(二)定期沟通了解,及时心理干预

帮扶台账的建立,为的是更好地摸清学生情况,及时了解、按时推进。本案例中的情况,就是辅导员根据台账定期和学生点对点沟通,才及时了解到学生的情绪波动和心理变化,果断介入并进行心理干预,有效地消除了学生的负面情绪,帮助学生在就业中重振精神。

(三)联动各方力量,形成就业网络

就业工作尤其是针对残疾人毕业生的就业工作,从来不是某一个人或某一个群体的事情,它是多方面、多组织、多联动的,而联动的中心环节是辅导员。在推进工作时,辅导员要联动专业老师在专业对口、岗位设置、就业方向等方面给予学生指导,对学生的困惑及时做出解答;要联动学校相关部门提供适合的岗位信息,也要与各学院之间及时互通就业信息,不能仅局限于本学院的招聘单位;要联动用人单位主动推荐,结合学生在校期间的表现以及家庭、自身的实际情况,积极与用人单位进行沟通推荐,争取面试与考核的机会,为学生打开一扇机会之窗。

三、工作思考和建议

学生工作要做到未雨绸缪,有备无患,总体了解学生的基本情况,随时了解学生的生活动态,深入了解学生的心理变化,建立好情况台账,随时更新,定期关怀,才能够在需要的时候发挥出作用,真正帮助到学生。

对于残疾人毕业生,关怀是必不可少的,但仅凭关怀和开导是无法解决实际问题的,只有真正帮他找到合适的工作,才能真正解决问题。对于困难群体,我们一定要及时伸出援手,帮扶的力度更大一些,付出更多一些,才能让学生重拾自信,打破因特殊情况带来的僵局,让爱无碍。

就业创业成长营：打通就业育人的"最后一公里"

汤美丽　李聪思　陈文杰

做好高校思想政治工作，要因事而化、因时而进、因势而新。面对毕业生"弱就业""懒就业""慢就业"的现状，某高校学工队伍，提早分析研判，进行就业工作前置，通过创建"就业创业成长营"，助力学生增强就业创业意识，提升就业创业能力，以"一营两堂三平台"的思政教育创新，助力了一批学生提早就业，高质量就业，打通了就业育人的"最后一公里"。

一、案例介绍

大二学生小刘（化名），来自农村，家庭贫困，虽有资助政策帮扶，解决了学费问题，但个人日常生活拮据，想要通过工作兼职改善生活现状，却因不善言谈，多次兼职面试被拒。后想自己创业，却不知从何下手，几次尝试后，对自我能力产生怀疑，自信心缺乏。在与寝室室友沟通未来人生走向时，了解室友有考研的想法，室友劝其一同考研，说考研是大势所趋，压力虽大但就业前景光明，一年考不上，可以"二战"甚至"三战"。小刘陷入迷茫，不知如何抉择。

二、案例分析处理

通过情况了解和分析，可以得出本案例的关键点在于以下几方面。**一是学生家庭贫困，经济负担重、压力大。**作为一名贫困生，小刘存在思想包袱重、政策依赖强、发展能力弱等情况，虽有政策扶持，但自身"造血"功能弱，容易由"贫困点"引发到心理、学业、就业等"综合面"，甚至是个人"成长线"等系列问题。**二是学生兼职就业意愿强烈，能力储备不足。**小刘有强烈的兼职就业意愿，但对自我认知和就业创业认知不够，缺乏就业创业经验，就业能力偏弱，在缺资源、缺信息、缺能力的情况下，面对激烈竞争，易出现本能恐慌、信心不足等问题。**三是学生职业生涯目标不明确，陷入抉择迷茫。**小刘个人的人生追求与职业方向未建立，个人价值观未得到澄清，个人的成长缺乏引领，易受外在因素及他人影响，出现摇摆不定，甚至陷入迷茫。

小刘的案例反映的是困难学生经济压力大、就业能力弱、职业目标不清晰的学生成长发展类问题。在学生群体中,这并不是个案,从案例表象上看是要助力学生解决经济困难和就业能力困难问题,而从深层次挖掘,则是要助力学生树立正确的就业意识、明确的职业方向和正确的人生追求,引导学生将个人小我与国家发展、民族发展、社会发展相联系,立大志、明大德、成大才、担大任,建立更加崇高的职业责任感和职业使命感,增强个人职业发展的内生动力。

针对小刘以及像小刘一样的困难学生,本案例将思想政治教育与就业创业相融合,构建"一营两堂三平台"的模式,成立"就业创业成长营",建立"创业实践课堂"和"就业成长课堂",融合"就业创业课堂平台""就业创业社会实践平台""就业创业竞赛平台"三大载体,着力进行思想政治教育工作体制机制创新、方法模式创新、工作载体创新,构建了"思政+就业创业教育"相融合的全员、全过程、全方位的就业育人新模式。

(一)建立创业实践课堂

1.开展创业生存实践活动,培养学生吃苦耐劳、心怀感恩的社会责任感。鼓励小刘参加学院举行的城市生存挑战赛、市场营销大赛等,在实践实战中提升表达能力、沟通能力、营销能力和抗挫折能力等,同时将挑战赛和营销大赛所获得的实战收入作为"爱心基金"赠送给小刘,让小刘在集体中感受到支持与责任。

2.开展企业实习,培养学生谦虚谨慎、不断进步的学习意识。联系企业,介绍小刘在寒暑假到企业进行实习,在实习中学习企业的系统管理、组织管理等知识,在实习中感受企业成长的环境,提升个人的综合素养。

3.开展创业实践孵化活动,培养学生独立自主、敢闯敢拼的创业精神。鼓励小刘开展创业尝试,对小刘的创业项目"趣学教育培训"进行指导和帮扶,对小刘进行"一对一"指导,帮助小刘渡过创业难关。

(二)建立就业成长课堂

1.依托创新创业系列课堂,提升学生就业创业专业素养。推荐小刘选修"红色文化与创新创业教育""创新创业与人生发展""创业社团功能与自我发展""创新创业战略管理""大学生就业指导"等系列精品课程,通过系统学习,多方位加强对自我、社会及创新创业的认知。

2.开展"互联网+""挑战杯""三创赛"等创新创业竞赛培训,提升学生创新应用能力和综合素质。组建创新创业学生队伍,由学工队伍、专业教师和企业人员共同指导开展培训。指导小刘参加"挑战杯"创新创业计划大赛培训,介绍赛制、赛程、评审要求等内容,从项目的遴选、商业角度、成果转化等方面引导小刘将助力乡村教育的创新想法转化为创新创业项目,其"趣学"助力乡村振兴的创业项目获得国家银奖。

3. 开展企业家进课堂,培养学生创新和实干精神,促进学生了解企业创新运营模式。 将创新创业先进人物、榜样模范等企业家引入课堂,开展创新创业教育。同时,组织小刘及其他同学赴省内外多家企业进行学习实践,通过实地参观走访,对企业运营有更加直观的感受,开拓就业眼界和思维。小刘通过参加校友企业家进课堂和实地走访,了解到深圳校友跨境电商创业基地,学习化妆品跨境电商运营模式,现已结合校友投资项目,开展化妆品跨境电商运营实践。

4. 开展就业创业研修活动,提升学生提出问题、分析问题和解决问题的系统思维能力。 经过专业课训练、社会实战以及创业实践,推荐小刘参加"大学生创新创业能力"课题研修小组,邀请小刘一起参加创新创业人才能力培养的研修活动,进一步促使其以更加系统的思维看待就业创业能力的提升。

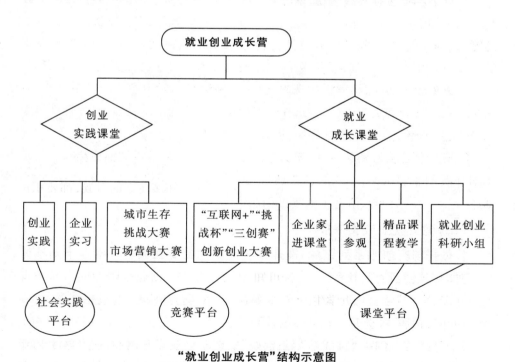

"就业创业成长营"结构示意图

经过在"就业创业成长营"两年的学习与成长,小刘由一个困难生成长为一个成熟的创业者,不仅解决了经济上的问题,个人的综合素养也得到了全面的提升。作为创业者,他领导创业团队开创"趣学",为乡村教育事业做出了全新的尝试和探索,也为 400 余人创造了就业岗位,承担了作为一名新时代青年的时代责任。在"就业创业成长营"中还有许多个"小刘",他们在"就业创业成长营"里得到了肉眼可见的成长,在成长后也在不断回馈社会。就业育人工作取得了可喜的成效。

一是形成了互帮互助的助人体系,在就业创业实践中进行思政教育。通过就业创业实践形成了良性的助人机制,通过组织系列赛事成立了"爱心基金池",至今已募集近 10 万元资金,用于资助家庭贫困、重病、遭遇家庭突发变故学生开展就业创业实践,通过实实在在的帮助,助力困难学生渡过难关。

二是营造了良好的就业创业氛围,在创新创业大赛展风采。近五年,学生在全国"互联网+"创新创业大赛和"挑战杯"大学生课外学术科技作品竞赛中分别荣获金奖,实现了创新创业大赛金奖全覆盖,荣获省级以上奖励 100 余项。学生们的创业,为社会提供的就业岗位达 1000 多个,创造了良好的经济效益和社会效益,形成了创新创业良性循环。

三是培养了学生敬业奉献精神,学院学子扎根基层放光芒。学院通过"就业创业成长营"为基层培育了一批批坚守基层的经济管理类人才,他们遍布在基层一线,在祖国最需要的地方建功立业。如毕业生程某,毕业后回到家乡,聚合家乡农业资源构建了产销合作社,成了新时代"新农人",为家乡发展贡献了智慧与力量。程某曾说:"人总要在自己喜欢的事情上有梦想,有幸能够融入国家发展建设大流,参与乡村振兴事业,倍感荣幸,无论在多迷茫的时候,都要积极寻找自己的梦想,不要忘记自己的初心。"

三、工作思考和建议

通过"就业创业成长营"的实践可知,大学生思想政治教育要贴近学生专业教育、贴近学生生活、贴近学生发展,将解决实际问题和解决思想问题相结合,在就业育人的过程中,不仅要注重就业能力的提升,更要帮助学生解决就业思想上的困惑。通过创建成长平台、提供就业创业资源与信息,提升学生综合素养和就业信心,助力学生高质量就业。进一步将思想政治教育与就业创业教育相结合,以就业育人,为培养德智体美劳全面发展、堪当民族复兴大任的时代新人贡献力量。

双创育人：培养跑在青春赛道的青年学生

严荷君

2022 年 4 月,国务院新闻办公室发布了《新时代的中国青年》白皮书,指出中国青年在创新创业中走在前列,青年积极投身大众创业、万众创新热潮,踊跃参加"创青春"中国青年创新创业大赛、"中国国际互联网+"大学生创新创业大赛等创业交流展示活动,用智慧才干开创自己的事业。中国青年自觉将人生追求同国家发展进步紧密结合起来,在创新创业中展现才华、服务社会。

本案例聚焦某高校一支敢闯会创、勇立潮头的师生创新创业团队——知产童蒙(IP SPARK),他们在全国大学生创新创业赛事中频频斩获佳绩,接连取得历史性突破,他们积极响应知识产权强国建设的号召,致力于版权教育推广志愿服务,为我国铁路行业发展提供强有力的知识产权智力支持,不断探索创新创业教育的实践育人协同模式。

一、案例介绍

"知产童蒙"公益志愿同盟(以下简称"知产童蒙")成立于 2018 年,是一支主要由青年博士、高校辅导员、青年学生构成的团队,现有成员 57 人,其中教师16 人,学生 41 人,师生党员占比 86% 。团队以"小手拉大手,滴水汇江河"为发展目标,依托当地知识产权主管部门等平台,面向社会开展专业化知识产权公益服务,获批 2020 年度全省示范性重点志愿服务项目,并于 2021 年 4 月正式成功入驻"志愿中国"公益组织。

团队自成立以来,积极响应"十四五"规划中倡导的强化知识产权创造、保护、运用的要求,与当地知识产权局等单位合作,开展了形式多样、卓有成效的知识产权宣传普及与教育的公益活动。从 2019 年 12 月始,团队开启了知识产权进校园、进企业、进单位、进园区、进社区的"五进"巡讲活动,现已进行了 68 次线下知识产权教育宣讲,为知识产权的宣传和适用起到了积极的促进作用。团队还创建"知产童蒙"微信公众号,发布知识产权教育宣传系列推文,其中包含"有声 IP""知识产权指导案例分享""教授谈版权""好书推荐"等系列推文,以视频讲解的新型方式引导公众进行自我学习、自我提升,从而产生知识产权学习和适用的内生力。

二、案例分析处理

"知产童蒙"团队的教师们秉持育人初心，努力做"传道授业解惑"的"经师"和"仁者爱人"的"人师"的统一者，团队的学生们信念坚定、青春向党、求真力行，努力创造人生出彩的机会。

（一）在青春赛道上跑出了好成绩

团队师生积极投身大众创业、万众创新热潮，踊跃参加"挑战杯""互联网+"等大学生创新创业大赛，3年多的时间，在创新创业赛事中取得了12个省部级以上奖励的惊人成绩，在专业学术竞赛、学生活动竞赛中更是硕果累累。仅"挑战杯"大学生课外学术科技作品竞赛中，他们频频突破自我、创造奇迹，荣获2022年全国特等奖、全国二等奖各1项，2021年全国累进创新奖，2019年全国一等奖。连续3年获4个国家级大学生创新创业训练计划项目立项。同时，截至目前，团队已有8名学生分别保研至国内一流高校。

（二）在社会服务上干出了好业绩

"知产童蒙"团队一直坚持做好社会公益服务，用专业知识为服务对象提供志愿服务，现实际服务人数已破万人。团队参与江西省《关于加强知识产权强省建设的行动方案（2022—2035年）》《江西省"十四五"知识产权人才发展规划》等编制工作，参与全国版权示范城市（景德镇）的创建工作。3年多完成10余项全省知识产权领域重大发展规划与实务工作，师生团队真正将科研写在了祖国大地上。此外，团队成员每周在"陶瓷版权作品登记绿色通道"实地协助相关部门进行版权登记、审查等工作，现已助力1万多陶瓷创客成功登记版权；开设线上知识产权培训班，无偿向企业和个人开放，服务了几百家企业；组成电商助农小分队，以淘宝直播形式线上售卖品质优良的地域特色农产品，超10万人在线观看，成功助力乡村振兴。

（三）在实践育人上交出了好答卷

"知产童蒙"积极响应知识产权强国建设的号召，脚踏实地，在服务社会、奉献社会中收获成长与进步，找到青春方向和人生目标。这群有志青年，怀揣着为中国铁路提供强有力知识产权保障的梦想，围绕"川藏铁路的知识产权保护风险"问题，踏上了"铁路+知识产权"的征途，6100余份调查问卷，近20位专家访谈，3700余个案例检索分析，690余篇文献解读，多次实地走访调研川藏铁路施工承建单位。他们还从法律和技术两个维度深度调查研究了中国高铁"走出去"的知识产权风险,团队在深入调查基础上,形成相应政策建议,呈递至国家铁路局,获国家铁路局局长、副局长的批示,发挥了智库作用。

三、工作思考和建议

"知产童蒙"团队中的青年学生贯穿大一到研三,形成了"传帮带"自我教育模式,与青年教师协同育人形成了合力,实现了全员、全过程、全方位育人机制,构建了"大思政"育人格局。在培养新时代大学生的育人模式探索中,有一定的借鉴意义。

(一)双创育人:苟日新,日日新,又日新

创新居五大新发展理念之首,是人才培养的重要底色,通过对学生创新意识、创新精神和创业能力的培养,可以引导学生认识社会,使其深刻体悟到个人对国家、民族、社会的责任。依托青年博士和辅导员,建设强有力的导师团,带领学生参与到创新创业大赛、学术竞赛、学生活动中去,在教学相长、陪伴学生成长、见证学生历练的点滴中育人,为学生搭建更多人生出彩的机会与平台。

(二)协同育人:画好育人同心圆

师生团队打出了育人"组合拳",于无声处成风化人、凝心聚力。青年博士充分发挥专业优势,发挥科研育人功能,培养学生开拓创新的进取意识;辅导员有效发挥春风化雨、润物无声的育人功能,关心关怀学生健康成长,培养学生理性平和的心态,指导学生做好职业生涯规划。导师团在关心人、帮助人、服务人中教育人、引导人,共同构建"大思政"育人格局,实现合力育人。

(三)情怀育人:将青春梦想融入中国梦

将思想政治教育融入社会实践、志愿服务,通过形式多样的"行走课堂",培养学生的家国情怀、人文素养。陪伴是最好的教育,导师团在陪伴学生成长过程中,培养学生在为社会服务中茁壮成长、在艰苦奋斗中练就过硬本领,将家国情怀转化为实际行动,将人文情怀融入团队建设中,赢得最美丽的奋斗青春岁月。

(四)朋辈育人:三人行,必有我师焉

榜样的力量是无形的,朋辈的力量犹如一双隐形的翅膀,带领着学生前进。青年影响青年,在"传帮带"的团队建设滚动机制中,带动着一届届学生向榜样看齐。这种届届传承的团队文化和凝聚力,也是影响学生一生的宝贵财富。

第七篇
守正创新线：迎风破局

　　守正才能不迷失方向、不犯错误，创新才能把握时代、引领时代。新时代，大学生的成长发展需求发生新变化，他们对教育管理服务的需求日益多元化和个性化。面对层出不穷的新问题和新挑战，辅导员要想迎风破局，既要坚守根本、培根固本，又要勇于创新、积极创造。一方面把握好习近平新时代中国特色社会主义思想的世界观和方法论，坚持好、运用好贯穿其中的立场观点方法，系统掌握思想政治教育的基本理论和相关学科知识；另一方面，准确把握时代大势，紧跟时代步伐，把教育理论同学校学生具体实际和具体问题相结合，不断创新教育方法、手段和载体，创造性地开展好思想政治教育工作，深入指导学生成长与发展，最终引导学生在实现中华民族伟大复兴的道路上拥抱新时代、赢得新时代。

飞鸿印雪，心向"网"之

——辅导员工作室建设初探

王冰雪　常玉凤　范　琳

辅导员是大学生思想政治教育工作开展的骨干力量，是高校学生日常思想政治教育和管理工作的指导者、组织者、实施者。全国高校思想政治工作会议召开以来，各高校坚持把立德树人作为根本任务，把辅导员队伍建设作为教师队伍和管理队伍建设的重要内容，整体规划、统筹安排，不断提高辅导员队伍的专业水平和职业能力。

创建辅导员工作室，鼓励辅导员创造性地开展好思想政治工作，为辅导员发展搭建示范引领平台，是切实推进高校辅导员队伍职业化、专业化建设的一项有力举措。本案例聚焦辅导员工作室建设实践，探讨如何把握工作室建设方向，不断创新方法、手段和载体，着力培育思想政治工作精品项目，促进辅导员职业化、专业化发展。

一、案例介绍

"飞鸿印雪工作室"是当地首批省级高校辅导员名师工作室，创建于 2020 年，共有成员 12 人，成员平均年龄 32 岁，其中从事辅导员工作时间最长的有 17 年，最短的有 3 年。工作室自创建以来，主持人带领全体成员培育了一批具有丰富实践经验、较高理论水平的后备力量；聚焦网络思想政治教育重点难点问题，创新改进新时代高校网络宣传方式，构建贯通横向网络平台维度、纵向线下组织维度为一体的交流中心，有效实现了线上与线下的双向互动；积极推动全省辅导员队伍职业化、专业化建设，形成了可操作、可借鉴、可推广、可示范的先进经验和典型做法，并不断完善推广，起到了较好的示范效应。

二、案例分析及处理

按照高校辅导员队伍建设规定有关要求，网络思想政治教育要注重运用新媒体新技术，构建网络思想政治教育重要阵地，积极传播社会主义先进文化，推动思想政治工作传统优势与信息技术高度融合。还要注重加强学生网络素养教育,积极培养校园好网民,引导学生创作网络文化作品,弘扬主旋律,传播正能量。并不断创新工作路径,加强与学生的网上互动交流,运用网络新媒体对学生开展思想引领、学习指导、生活辅导、心理咨询等。因此,本案例的实践明确了以下几个目标任务。

一是站稳一个阵地。以"GP(化名)辅导员"微信公众平台为中心阵地,创新改进新时代高校网络宣传方式,主动发声、敢于发声、善于发声,灵活运用网络传播规律,把握好网上舆论引导的时、度、效,弘扬社会主义核心价值观,充分激发辅导员正能量。

二是实现双向互动。线下常态化开展全省辅导员素质能力提升培训,线上制度化锻造网络思想政治教育联合战舰,着力解决平台分散、信息分散、受众分散的全省辅导员新媒体发展现状,构建贯通横向网络平台维度、纵向线下组织维度为一体的交流中心,有效实现线上与线下的双向互动。

三是培养"三化"人才。深入把握网络传播的规律,培养一批网络思想政治教育名师骨干和代表;号召辅导员总结工作经验以形成优秀案例、网络文章等理论成果,强化辅导员队伍问题意识与理论自觉,提升科研素养和能力,促进"实践型"辅导员向"实践研究型"辅导员转化;以指导、实践、培训、沙龙与比赛的方式,多维一体、全面发展,推动全省辅导员队伍职业化、专业化建设。

具体解决方案及成效如下。

(一)聚焦网络阵地建设,实现工作资源共享

争取全省教育工作主管部门和学校学生工作部门支持,共同着力打造以"GP辅导员"微信公众平台为中心的网络阵地,开设"新速递""青轻说""微思政""线上会议室""辅导员交流""辅导员心语""辅导员悦读"等栏目,创新平台、整合资源、丰富形式,运用新媒体推广全省高校思想政治教育工作经验,实现全省辅导员队伍工作资源的联动和共享。定期举办线上或线下的沙龙研讨活动,打造全省辅导员网络聚集地,围绕思想理论教育和价值引领、党团和班级建设、学风建设、学生日常事务管理、心理健康教育与咨询工作、网络思想政治教育、校园危机事件应对、职业规划与就业创业指导、理论和实践研究等方面,加强工作交流分享,帮助辅导员及时解决工作中的实际困难和问题。

(二)聚焦网络人才培养,提升队伍职业素养

整合全省思想政治工作队伍资源优势,通过开展报告会、培训会、座谈会、工

作沙龙等多种形式，搭建辅导员网络交流平台；组织辅导员赴各省区市开展交流研讨，与兄弟省区市有关研究会开展学术交流；培养网络思想政治教育名师骨干和代表，充分发挥优秀辅导员的带动示范作用，提升辅导员队伍的理论研究能力和职业归属感。工作室成员先后荣获全国高校思想政治工作优秀案例一等奖和二等奖、全省高校"最美辅导员"、全省高校辅导员素质能力大赛一等奖、全省高校思政课青年教师教学基本功比赛二等奖、全国铁路青年岗位能手等奖项和荣誉。

（三）聚焦网络作品创作，增强创新工作能力

引导辅导员用自己的视角、自己的语言、自己的体验、自己的方式进行网络创作，通过读、写、拍、画、创等形式，创新打造出具有全省影响力的优秀网文、推文、HTML5、海报、音乐、短视频、微电影等网络文化作品。工作室每年至少开展两次网络作品征集活动，提升辅导员运用新媒体新技术开展工作的能力。尤其是疫情爆发以来，工作室以"GP辅导员"微信公众平台为依托，全力保障学生思想政治工作始终"在线"，在全省高校范围内先后组织开展了辅导员工作优秀案例等系列征集展示活动。

（四）聚焦网络理论宣讲，提高理论研究水平

组织建设网络理论宣讲团，邀请知名教授担任宣讲团队导师，从宣讲技巧、理论基础、宣讲能力等方面提升宣讲团成员理论宣讲水平；引导宣讲团成员时刻关注、搜集师生关注热点、重点、难点问题，打造辅导员"网红"队伍，以网络直播为新的突破口和发力点，回应师生实际关切，提升网络宣传思想教育工作实效。工作室每月至少开展一场内涵丰富、实效显著的专题直播，积极探索加强和改进网络思想政治工作的新方法、新模式。例如，针对大学生网络"氪金"现象开展深入调研，系统剖析原因并形成调研报告，向上级有关部门提出解决大学生"氪金"现象对策及建议。

（五）聚焦网络机制研究，扩大示范引领作用

引导辅导员强化问题意识，将自己的实际工作经验融入理论研究工作中，提升到理性自觉的层面；总结辅导员思想政治育人的典型经验，建立长效可鉴机制，形成一系列优秀的理论成果，如发表学术论文、出版专著、撰写研究报告等。目前，已出版专著《对话摆渡人：优秀辅导员的成长之路》，在学生层面开展的网络思政教育"五红"学党史特色建议及实践探索入选全省教育工作主管部门《思

政前沿》专报。

三、工作思考与建议

辅导员工作室的建设应围绕高校辅导员九项工作职责,结合工作室实际,突出育人特色,聚焦一个重点建设方向集中发力,并通过理论研究、实践创新、团队建设、理论宣讲、成果转化等,定期推广建设过程中形成的先进经验和典型做法。

本案例中,工作室创建了独特的"三田"工作模式,以种好"责任田"、培育"试验田"、建设"示范田"为目标推进工作。围绕学生学习生活,定期组织开展主题研讨、座谈沙龙等活动;优化顶层设计,以线上微平台为依托,下设校级辅导员名师工作室,推动工作室建设任务对标对表、分层分布实施;设立辅导员学习提升、技能提升、健康提升、效能提升四个提升计划,鼓励争先冒尖,持续推动辅导员队伍素质提升,对高校辅导员工作室建设和工作创新具有较强的参考价值和借鉴意义。

"五育"并举，从多元评价开始

王冰雪

为完善立德树人体制机制，扭转不科学的教育评价导向，加快推进教育现代化，2020 年 10 月，中共中央、国务院印发《深化新时代教育评价改革总体方案》，提出了以德为先、能力为重、全面发展、因材施教的科学成才观念。如何发挥新时代教育评价指挥棒作用，克服重智育轻德育、重分数轻素质的顽瘴痼疾，改革学生评价，促进学生德智体美劳全面发展，是当前高校人才培养的重点和难点问题，也是辅导员需要思考和实践的关键问题。

本案例聚焦某高校"Y 学子培育计划"施行的学生综合评价方式，探讨如何通过多元综合评价，更好地落实"五育"并举，促进学生德智体美劳全面发展。

一、案例介绍

2020 年以来，学校准确把握新时代教育评价改革导向，在多年办学实践和人才培养经验的基础上，建立了本科教育改革"特区"和试验基地，实施"Y 学子培育计划"，探索精英教育模式。该培育计划围绕德智体美劳全面发展的人才培养要求，每年从学校各生源地高考成绩排名前列、创新潜质突出、综合素质全面的本科新生中，通过笔试和面试相结合、综合评价排名的方式择优选拔 60 人，单独编班集中培养。施行动态管理机制，每学期末从学生思想品德、学业成绩、创新实践、素质拓展、身心健康、导师评价、学生互评等方面进行综合评价，不满足培养要求的学生及时分流退出，再视情况从品学兼优的学生中择优增补。

二、案例分析处理

《深化新时代教育评价改革总体方案》就完善立德树人体制机制，确立科学的育人目标，提出了改革学生评价，促进德智体美劳全面发展的任务。本案例的解决思路即以此为目标，以全面发展的学生行为特质为导向，构建一套科学有效的大学生多元综合评价方法。首要任务是分析新时代教育评价改革提出的全面发展的学生行为特质，具体如下。

德：理想信念坚定。具有远大的志向，高尚的道德品质，强烈的社会责任感，较高的人文素养,正确的世界观、人生观、价值观。

智:终身学习不辍。养成自主学习、独立思考的习惯,文理基础兼备、知识体系贯通、学科知识交叉、创新意识和实践能力较强。

体:身心健康强韧。养成坚持运动的习惯,拥有1—2项运动技能,具有健全的人格、顽强的体魄、拼搏的意志、健康的生活方式、积极向上的心态、团结协作的意识。

美:审美情趣高雅。具有坚持的艺术爱好、较高的艺术素养、鉴赏和创造美的能力。

劳:节俭、勤奋、刻苦。具备坚持的劳动习惯,一定的劳动技能,崇尚劳动、尊重劳动的态度,勤俭节约的意识和习惯。

综上,要想构建一套科学有效的大学生综合评价体系,要以培养上述行为特质为目标,坚持以德为先、能力为重、全面发展、因材施教的原则,改进学生综合素质测评方式,改变传统的以智育成绩为主导的评价导向,做到定性与定量相结合、过程与结果相结合、记实与评议相结合、互评与师评相结合;深耕第二课堂,与第一课堂形成互补和渗透,实现课内课外融合多元综合评价。具体做法如下。

(一)坚持以德为先,突出责任担当教育

德育评价应注重定性与定量评价相结合,注重以文化人、以文育人,引导学生树立担当民族复兴大任的崇高理想。一是融入社会主义先进文化。发挥好思政课程和课程思政育人主渠道作用,邀请专家学者等为学生作形势与政策报告,分析社会热点问题;举办形式多样的学习研讨、社会实践、志愿服务、调查研究等活动,增进学生对党的创新理论的政治认同、思想认同、理论认同、情感认同。二是融入红色文化。利用丰富的红色文化资源,增加实践学时,开展红色专题教育,通过实地参观学习、实践体验,以厚重的历史文化和丰富的革命精神涵育学生品行,使学生更加坚定理想信念,增强历史使命感和责任感。三是融入特色文化。充分挖掘学校所处地域文化特色、校园文化的精神内涵和育人价值,广泛开辟学习教育渠道,从"知"上引导、"践"上培养,引导学生传承和弘扬其中蕴含的时代价值,以此不断筑牢学生培育和践行社会主义核心价值观的文化根基。

在本案例实践中,以某年级60名"Y学子"为例,学生责任担当意识日趋增强,积极参加政治理论学习和各项思政教育活动,学院、学生组织"双推优"比例均远高于学校其他班级平均水平;在全省、全校"红色走读"活动、党史(校史)知识竞赛等活动中多次获奖，提案作品获评全国青少年模拟政协提案优秀作品奖（全国最高奖）。同时，学生积极响应党组织号召，急难险重任务面前勇挑重担，全员全程积极投身校园安全稳定志愿服务，当学期累计参与达 1800 余人次，累计服务时长超 7000 小时，人均服务 31 次，较好地发挥了先锋模范作用。

（二）坚持能力为重，突出通专融合培养

一方面，加强通识教育，对标学生全面发展需求建设完善通识教育核心课程群，不断强化通识教育在本科人才培养中的作用，打破学科壁垒，传递科学与人文精神，培养学生独立思考习惯、自主学习能力、人文素养、科学探索和求实创新精神。开展入学教育、学习辅导、课外阅读、写作与沟通训练、习惯养成、文明礼仪培训、综合素质拓展等一系列活动，培养学生的责任感、进取协作意识以及综合能力，引导学生文理基础兼备、知识体系贯通。另一方面，在综合素质测评的智育成绩计算中，对不同类型课程设置不同的系数，专业课程成绩核算系数设置为 1.0，思政课程、核心基础课程、通识教育课程成绩核算系数设置为 1.0 至 1.2 不等，引导学生更加重视思政课程、基础课程和通识课程学习。

在本案例实践中，"Y 学子"学业状态显著向好，大一期间大学英语四级考试通过率 100%，大学英语六级考试通过率 34%；高数、物理等核心基础课程平均分高于全校平均分 40% 以上；学分绩点在 4.0 以上的占 32%，较普通班级高出 20 余个百分点。

（三）坚持全面发展，突出综合素质提升

做到过程与结果考核有机结合，从学生的思想品德、学业状态、创新实践、素质拓展、身心健康、导师评价、学生互评等方面进行综合评价。提高德育、美育、体育、劳育成绩占比，将体育教育贯穿四年培养全过程，推行日常参与、体质监测和专项运动技能测试相结合的考查机制，通过组织学生晨练、每周体能训练、自选课外体育俱乐部项目等，记录学生运动时长和频率，并将成绩纳入学生综合素质测评考核并直接与评优评先资格挂钩，引导学生自觉加强课外体育锻炼。建立"艺术与审美"教育教学团队，组织不同艺术门类教师共同研发理论和实践并重的课程教学大纲，促进学生形成艺术爱好、增强艺术素养。建立劳动积分制度，设置劳动清单，让学生在劳动实践中崇尚劳动、尊重劳动、学会劳动。

在本案例实践中，每名"Y 学子"都参与至少 1 项体育运动项目，并通过体育俱乐部制长期坚持，每学期人均课外体育锻炼时长均超过 90 小时，每学年参与劳动实践时间不少于 20 小时,大学期间参与或独立创作过至少 2 件艺术作品。

(四)坚持因材施教,突出学生个性化发展

全面试行第二课堂成绩单制度,全程记录和评价学生参与活动的经历和成果,注重学生的思想成长、行为养成、人格塑造和实践锻炼。第二课堂评分体系的设计注重与第一课堂的互补和渗透,围绕课内学习要求搭建课外指导支持体系,围绕学生发展需求搭建适应性辅导体系,通过第一、第二课堂的互动,培养学生的责任感、进取协作意识、综合能力,共同实现人才培养目标。充分发挥学生的主体作用,引导学生全员参与管理,通过竞聘上岗、过程跟踪、绩效考核、综合评价的方式,由学生自主管理日常事务、自主运营新媒体公众号、自主承担校院重大活动的组织和服务工作,在管理考核中培养学生的综合素质和解决实际问题的能力。

在本案例实践中,"Y 学子"综合素质逐步提升,打破了学生参与团学活动的"二八现象",实现了 80% 的学生参与 100% 的活动。社会实践参与效度逐步提高,在入学后首次"三下乡"暑期社会实践中踊跃报名并撰写调研报告及论文 8 篇,获评全省优秀服务队。自我管理能力逐步增强,70% 以上的学生积极参与校、院、班级事务管理,责任感和集体荣誉感不断增强。

三、工作思考和建议

本案例以新时代教育评价改革为牵引,坚持以德为先、能力为重、全面发展、因材施教,以"四个突出"为抓手,充分发挥学生的主体作用,创新了学生多元评价方式,形成了横向交融、纵向贯通的课内课外多元综合评价方式,为高校学生工作进一步改进学生评价提供了参考。另外,该评价方式还同时实现了同一班级中对不同专业学生的相对统一测评,有效解决了多专业混合式班级内部无法统一测评标准的难题,可普遍适用于当前各高校普遍设立的各类特色培养实验班或培养计划。

学生社区，"四自"能力培育加速器

王冰雪

学生社区，俗称学生宿舍，是学生集中学习、生活的地方，也是进一步深化"三全育人"综合改革与思想政治教育的重要阵地。提升学生社区教育管理服务水平是新时代社会发展的必然要求，也是新形势下高等教育改革创新和发展的内在需求。

近年来，各高校围绕立德树人根本任务，深入推进"一站式"学生社区试点建设，探索出了很多宝贵经验，值得高校学生工作部门和辅导员参考借鉴。本案例聚焦某高校学生社区建设经验，探讨如何激发学生社区育人活力，培养学生自我教育、自我管理、自我服务、自我监督能力。

一、案例介绍

学校以某栋学生宿舍楼为阵地，创建了"学子之家"，该楼栋建筑面积约12000平方米，入住学生1000余人，试行"一站式"学生社区综合管理模式。该社区集学生住宿、辅导员办公、师生交流、学生学习研讨等功能于一体，设有导师工作室、创新项目工作室、阅览室、第二课堂活动室、个性化研讨室、减压室、心灵驿站等公共空间，满足了学生思想成长、学习生活、创新实践、交流对话等多项需求。该社区将育人资源、育人力量聚合在一起，全面激发社区育人活力，探索出一条"一站式"学生社区综合管理模式培养人才的有效路径。

二、案例分析处理

新时代高校师生的学习生活方式都发生了显著变化，学生对多元化的教育管理服务模式的依赖和需求日益增大，学生社区在高校育人工作中的地位日益凸显。如何发挥大学生自身的积极性和主动性，增强教育效果，是学生社区建设特别是"一站式"学生社区建设要解决的关键问题。

本案例的解决思路是，依托"学子之家"平台打造"一站式"学生社区，创新管理机制，推进社区育人模式重构，实现社区育人资源融通；依托"一站式"学生社区促进学生跨界交流沟通，促进跨学科交叉融合培养；开展学生思想政治教育、学业指导、素质拓展、事务服务等工作,培养学生的自我教育、自我管理、自我服务、自我监督能力;会同入住学生所在培养学院在社区联合共建学生创新基地、导师工作室、创新项目工作室等研学空间,推动导师、科研课题组、创新项目团队以及行业名企等入驻学生社区,为学生搭建更为完善的发展平台。

(一)推动组织进社区

推进党建带团建、党(团)组织进楼栋,将"学子之家"作为加强思想政治工作的重要阵地。成立社区活动党(团)支部,并设置楼层党(团)小组,发挥学生主体作用;组建学生自律委员会,不断完善社区学生自我管理制度。依托社区内由学生组成的党(团)组织管理队伍和优秀学子组成的自律监督队伍,组织、凝聚、服务广大学生。注重将思想引导和公民教育相结合,让学生直接参与社区的教育管理、秩序维护、文明创建、安全稳定等日常事务,形成一个以学生为主体的社区自我管理体系。

(二)推动名师进社区

整合资源,建立由重点科研团队、高层次人才、专家学者、行业企业技术骨干等组成的学业导师团,实行导师与社区学生双向选择和双向评价,并将导师工作室搬进学生社区,建立师生共享交流平台,导师根据学生的知识、能力、素质和志趣,全程对学生进行学业指导、学术引导、成长辅导。在本案例实践中,该社区学生积极参与课外学术科创活动,70%以上的学生均加入导师科研团队、课题组、实验室或指导项目,积极培育孵化高水平科创竞赛项目和撰写学术论文等,创新潜力不断凸显。

(三)推动课堂进社区

一方面,跨学院、跨专业组建教学团队,利用"学子之家"研学一体的氛围和优势,研发并在社区内开设一系列通识特色课程,内容涵盖文学经典、文明礼仪、写作沟通、组织管理、生命教育、艺术修养、体育健康等模块,供社区内学生在课余时间选修,考核合格者可转换公共选修课程学分或者通识教育课程学分。另一方面,围绕第一课堂教学需求打造社区第二课堂,在社区设立"讲会"等各种交流平台,举办不同系列讲座沙龙,带动师生之间开展形式多样的互动交流,促进课内课外融合培养。

(四)推动服务进社区

邀请辅导员工作室、心灵驿站先后入驻社区,为学生提供成长问题辅导、心理问题疏导等服务。推进信息技术与管理服务深度融合,打造社区学习生活智慧化、一体化服务模式,建立和完善各类服务管理小程序,有效集成社区内公共研学资源管理等各类服务项目,实现学生使用手机即一键办理业务,不断提高服务效率和管理水平,增强学生的获得感和体验感。成立社区学生创新基地,下设多支兴趣小组,定期组织开展各类学术科研讲座、科创项目培育、论文撰写指导等各项服务活动,通过专家引导、导师指导、朋辈分享、经验交流、个性发展辅导,引导社区学生明确发展方向、拓宽思维视野。

（五）推动文化进社区

围绕学生的思想成长、行为养成、人格塑造和实践锻炼,将社区文化建设与校园文化建设有机融合,发挥社区文化氛围对学生的涵育作用,强化社区的文化建设、空间塑造和价值导向。以"读书""对话""修身""励志"为主题设计社区文化活动,打造"红色影院""红色故事会""读书会""学霸交流会""思辨研讨会""小型辩论会"等一批社区文化精品活动,不断丰富学生社区文化内涵;举办"远征拉练""社区运动会""传统节日文化展"等特色活动,加强不同学科专业、年级类别的学生之间的交流,有效拓展思想政治教育平台,实现学生成长在社区。

三、工作思考和建议

在学生社区建设过程中,应以新时代教育评价改革要求为导向,充分发挥学生的主体作用,调动一切积极因素,整合各类育人资源,全员下沉形成同向同行育人合力,全程贯通实现同频共振育人效能,全方位联动构建同心协力育人机制,不断增强学生自我教育、自我管理、自我服务、自我监督能力,切实提高思想政治教育实效。

网格化心理健康教育工作模式的实践与探索

高 旭

国内高校心理健康教育工作始于 20 世纪 80 年代,历经近四十年的发展变化,已进入全面普及、快速发展、多元态势的阶段,但仍面临人员队伍建设、服务模式创新、工作效果检验等诸多方面不足的挑战,尤其是地方高校、行业高校工作资源相对有限,学生心理健康服务需求特点不一,需有针对性、创造性地开展相关工作。

一、案例介绍

某高校心理健康教育工作始于 1996 年,和多数高校一样,当时仅有一名老师、一个房间、一张桌子、一台电脑、一部电话,心理健康教育工作举步维艰。经过几年的实践和探索,2001 年左右,学校已初步形成心理测评、心理咨询、危机干预、科普宣传、教学研究、社会服务"六位一体"的服务体系。尽管如此,心理健康教育还是存在师资不足、覆盖面窄、普及率低、接纳度差的情况。随着经济社会的发展变化和心理健康教育工作的不断推进,学校和学生均对心理健康服务提出了更高、更明确的要求:让每一位受困者得到及时的帮助,让每一位健康者得到更好的成长。

近年来,学校围绕这一目标,结合学校以理工科为主的办学特色,紧扣基层一线对人才心理素质的要求,充分利用学生资源,发挥心理素质教育的主动性和能动性,以时空为经纬构建横向到边、纵向到底的网格化心理健康教育工作模式,不仅解决了心理健康教育师资不足、覆盖面窄、普及率低、接纳度差等现实问题,而且通过打造心理素质教育的长效机制,实现了全员参与、整体提高的心理素质教育工作效果。

二、案例分析处理

为了将每一个学生都纳入心理健康教育和服务的视野,我们首先要让学生对心理健康教育有广泛、充分、准确的了解,其次心理健康服务的内容要能满足不同类别、不同阶段学生的个性化需求。为此,我们在实践过程中逐渐探索和形成了"校—院—班—寝"全面覆盖、"大一—大二—大三—大四"连续不断的网格化工作模式。

（一）以空间为经，建立"校—院—班—寝"全面覆盖、横向到边的分级全员教育模式，打造循环支撑体系

通过建立"校—院—班—寝"全面覆盖的心理健康教育工作队伍，开展丰富多彩、相辅相成的心理健康教育服务。学校层面，聘任了数名心理健康教育专职教师、8位客座教授和若干名兼职心理咨询师，并在全校范围内选拔优秀高年级学生组建大学生心理素质促进联合会，同时广泛开展"六位一体"的心理健康教育服务；学院层面，通过选拔优秀辅导员、学工干部参加心理咨询、心理教练相关认证培训，并由心理教育中心组织持续开展心理咨询学习沙龙，不断提升他们的心理健康教育工作技能，兼职负责所在学院学生心理健康教育相关工作的对接、协调和指导，并选拔优秀学生组建学院心理素质促进部，协同开展学院心理健康教育活动；班级层面，选聘1名心理委员，定期组织开展班级心理健康教育活动；寝室层面，选聘1名寝室心理保健员，协助开展心理危机预警和朋辈心理互助。

（二）以时间为纬，建立"大一—大二—大三—大四"连续不断、纵向到底的分段全程教育模式，发展多层次服务体系

以学生为中心，以需求为导向，分别为大一、大二、大三、大四学生开发有针对性的心理健康教育服务内容。针对大一新生集中体现的入学适应问题，实施"'七个一'心理助跑计划"，即让每位新生都聆听一场心理教育讲座、体验一次心理素质拓展、做一次心理健康测评、参与一部心理剧编排表演、参观一次心理教育中心、领取一份心理自助读物、记住一条心理咨询预约热线；针对大二、大三学生集中体现的心理发展问题，实施"心理成长计划"，通过教学培训、个体咨询、团体辅导、危机干预、素质拓展、在线互动等方式，帮助广大学生克服和应对学习和生活中的各类心理困惑和成长需求；针对大四毕业生集中体现的职业生涯规划问题，实施"心理起飞计划"，面向毕业生开展就业创业心理教育、生涯规划心理沙龙等。

经多年实践，网格化心理健康教育工作模式取得了显著的成效：

一是保障了学校人才培养目标的实现。极大地降低了心理危机事件发生的概率，保障了学校人才培养目标实现，学校毕业生的团队意识、合作精神、稳定程度总体满意度位居全国高校前列，多项工作成果分别被《人民日报》、《中国教育

报》、《中国青年报》、新华社等重要媒体宣传报道。

二是成为全国心理健康教育工作先进典型。网格化心理教育的动态"三级预警"属全国首创,效果显著,得到了多位省部级领导的高度肯定,并多次在全国、全省高校相关工作会议上介绍经验,多项经验做法获全国、全省推广,获"全国大学生心理健康教育工作先进集体"等30余项省级以上心理健康教育工作荣誉。

三是提升了全省心理健康教育服务水平。学校师生多次走进灾区、监狱、社区等特殊场所,开展心理健康教育辅导和危机干预,成效明显,得到了中国科学院心理研究所等单位的好评;"江西省高校心理素质拓展和实训中心"和"江西省青少年心理健康教育辅导中心"先后落户学校,成为全省心理教育的推广与实践平台。

三、工作思考和建议

在网格化心理健康教育工作模式的实践应用过程中,我们发现:第一,延伸工作队伍触角,建立专兼职相配合、朋辈互助力量为补充的工作队伍是高效开展心理健康教育工作的重要支撑;第二,充分发掘学生的兴趣和需求,打造寓教于乐的体验式教育平台是提高心理健康服务效果的重要渠道;第三,学分制改革背景下,加强以寝室为单位的朋辈心理互助和危机预警管理是预防心理危机发生的重要手段。

心理健康服务，一"网"情深

高 旭

随着互联网的不断发展，越来越多的人际交流、产品流通、社会服务从线下逐步转移至线上。青年大学生一代，是网络的"原住民"，对于网络交流和网络服务有着高度的适应和青睐。尤其是在特殊时期，大量面对面的交流行为和场景被阻断，很多服务不得不通过网络在线的方式举行。本案例聚焦某高校心理健康教育模式，创新探索网络育人背景下心理健康教育服务的"升级改造"。

一、案例介绍

学校心理教育中心不断丰富和创新师生心理健康服务形式，开通心理咨询在线自助预约系统，提供网络心理咨询服务，在线举办"阳光心理讲坛"，开展直播"心理吐槽大会"，在线发起"每天一节心灵体操"等，深受师生欢迎，进一步巩固了学校心理健康教育参与率高、普及率高、危机率低的"两高一低"良好局面。

二、案例分析处理

(一)心理咨询自助预约

根据学校工作流程和实际情况，自主设计心理咨询预约表单系统，最大程度收集具有参考价值的预约信息，帮助来访者在预约过程中完成情绪梳理和初评测试，以便精准开展分诊和咨询师匹配，并规范信息存档。预约表单直接设置为心理教育中心官方微信公众平台的菜单，全体在校生只要进入公众号即可 24 小时快捷自助预约，大大减少了热线电话预约和现场预约的麻烦。自助预约系统推出后第一年心理咨询预约量同比增长 20% 以上，对于防范心理危机具有重要的缓冲作用。

(二)网络心理咨询

在心理教育中心和学生社区设立自助服务的网络心理咨询室，配备相应的设施、软件和服务指南，给求助心理咨询的学生带来了全新、私密、便捷的体验。同时，与一流高校心理学部合作建立临床与咨询心理学实习基地，从 CARE、MAP 等硕士培养项目中遴选具有专业资质的优秀研究生担任网络兼职咨询师，为广大学生提供了心理咨询服务的多元选择。

（三）阳光心理讲坛

为了做好"校—院—班—寝"四级学生心理健康教育队伍的工作培训以及全校学生的心理健康科普教育，自 2019 年 9 月以来，心理教育中心已连续举办 80 余期"相约星期二"阳光心理讲坛，每周二晚上，心理健康教育教师轮流走上讲坛，与同学们相约报告厅，针对不同主题展开分享讨论，线下参与人次逾 3 万。

（四）心理吐槽大会

长时间居家线上学习给人际交流和团体活动带来了极大的阻碍，有的学生负面情绪慢慢积累，对心理健康造成不良影响。在同学们的主动建议下，心理教育中心组织心理健康教育教师和朋辈心理健康教育骨干分期在线举办心理吐槽大会，通过直播对话的方式，与同学们共话烦忧，疏导情绪，累计 5000 余人次参与活动。

（五）每天一节心灵体操

特殊时期，学生们的学习生活面临新的挑战，有时负面情绪在不经意中滋生。心理教育中心组织大学生心理素质促进联合会，联合各学院"心素会"，倡议全校学子每天一节在线"心灵体操"，通过微信公众号和辅导员工作群、四级学生队伍群宣传普及给每一个学生，引领大家积极思考和行动，起到了广泛积极的心理科普成效。

三、工作思考和建议

（一）借助网络提升心理健康服务的便捷度

调查发现，有近三成大学生在考虑预约心理咨询时因不知道预约方式或认为预约方式太麻烦而最终放弃预约，这一现象很大程度上增加了校园心理危机风险。随着网络和人工智能时代的到来，心理健康服务需要紧密贴合不同群体的内心需求，不断创新服务形式，让求助体验越来越便捷舒适。

（二）借助网络扩大心理健康教育的覆盖面

高校心理健康教育工作的主要对象是全体学生，心理健康服务不能仅仅服务少部分正在遭遇心理困扰或心理危机的学生，"让困惑者受帮助，让健康者更成功，让成功者更幸福"描绘了心理健康教育的初心和蓝图。因此，除了心理咨询外，学校心理健康教育工作部门和队伍需要组织开展一系列面向全体学生的心理健康教育活动，包括在线举办活动吸引广大同学积极参与。即使是仅有部分同学参与的线下活动，也需借助网络传播和媒体宣传的力量，增加活动的辐射面，扩大活动的影响力。

(三)学习遵守网络心理咨询的伦理守则

开展网络心理咨询时,要坚持以增进来访者福祉为中心,认真学习遵守《中国心理学会临床与咨询心理学工作伦理守则》(第二版)有关规定,主要包括：

心理师有责任告知寻求专业服务者远程专业工作的局限性,让寻求专业服务者了解远程专业工作与面对面专业工作的差异。寻求专业服务者有权选择是否在接受专业服务时使用网络/电话咨询。提供远程专业工作的心理师有责任考虑到相关议题,应遵守相应的伦理规范。

8.1 心理师使用网络/电话提供专业服务时,除了常规的知情同意外,还需要帮助寻求专业服务者了解并同意下列信息：(1)远程服务所在的地理位置、时差和联系信息；(2)应用远程专业工作的益处、局限和潜在风险；(3)发生技术故障的可能性,以及发生技术故障时的处理方案；(4)无法联系到心理师时的应急处理程序。

8.2 心理师应告知寻求专业服务者电子记录和远程服务过程在网络传输中保密的局限性,告知寻求专业服务者相关人员(例如同事、督导、个案管理者、信息技术员)有无权限接触这些记录和咨询过程。心理师应采取合理预防措施(例如设置用户开机密码、网站密码、咨询记录文档密码等)以保证信息传递和保存过程中的安全性。

8.3 心理师在进行远程专业工作时,需要确认寻求专业服务者的真实身份及联系信息,也需要确认双方在心理咨询时所在的物理位置和紧急联系人的联系信息,以确保在寻求专业服务者出现危急状况时可以采取有效的安全保护措施。

8.4 心理师在使用网络/电话与寻求专业服务者互动提供专业服务的全程,都应采取措施来验证寻求专业服务者身份的真实性,以保证对方是与自己达成协议要服务的对象。心理师应提供自己相关执照、资质和专业认证机构的电子链接,并确认电子链接的有效性以保障寻求专业服务者的权利。

8.5 心理师应明白与寻求专业服务者保持专业关系的必要性。心理师应与寻求专业服务者一起讨论并建立专业界限。当专业关系中的双方有一方认为远程专业工作无效,心理师则应考虑采用面对面服务。如果心理师无法提供面对面服务,则应帮助对方寻求合适的转介服务。

朋辈育人　明日之星

严荷君

　　朋辈是指同辈的、志同道合的友人。朋辈群体的特点是年龄相仿,生活学习背景比较相近,他们有着相近的兴趣爱好,在身份象征和社会地位上都有很多共同之处,这一类群体在价值观念、思想行为等方面会有很多统一的标准,比较容易形成共鸣。在高校教育工作中,善于借助朋辈优势,能更好发挥榜样力量,从而激励一群人向上向善。

一、案例介绍

　　某高校法学专业院系将培育和践行社会主义核心价值观的要求落细落小落实,注重发挥学生的主体作用,善用朋辈影响、榜样力量,以"闪耀明日之星,展现精彩自我"为主旨,整合学院优秀校友、学生先进典型资源,精心打造"明日之星"讲坛,致力培育情智双全、知行合一的学生,通过朋辈育人,发挥好"传帮带"的作用,营造出"赶帮超"的氛围。

二、案例分析处理

(一)遵循学生成长规律,以学生教育学生

　　大学阶段是个体身心走向成熟的时期,学生在这个阶段自我意识增强并在实践中不断认识和修正自我。朋辈教育,是教育者充分发挥大学生伙伴的作用,有计划、有目的地组织大学生相互传授学习、生活、工作等方面的经验,及时进行思想、心理上的交流和沟通,引导伙伴尽自己所能给对方精神上的鼓励和学习上的帮助,让彼此充分体验身边伙伴的关爱,借以见贤思齐、激发上进,实现优势互补、互相促进、共同成长的教育方式。

　　在新生入学教育、学生心理健康教育、毕业生就业创业、学生基层党建、团体辅导活动等工作中融入朋辈教育,有助于高校思想政治教育工作更好开展,对学生树立正确世界观、人生观和价值观有着重要影响。"明日之星"讲坛要遵循学生成长规律,顺应学生诉求,主要选取学习、生活、司法考试、公务员考试、考研、就业、毕业等学生关心关注的主题,针对性地提前邀请"主讲明星",每期都有破

第七篇
守正创新线：迎风破局

冰、分享、感悟、互动等环节，让学生更易于接受并乐于学习。

（二）紧扣学生发展需求，以学生引导学生

朋辈教育的开展能够增强学生的互助意识，提高自我管理能力，对于学生成长和发展起到关键作用。"明日之星"讲坛紧扣学生发展需求，提前规划确定符合学生需求的主题，分为司考篇、大学篇、励志篇、创业篇、求职篇、职场篇、毕业篇、考研篇、考公篇、就业篇共十个篇章。提前对各年级学生的思想动态尤其是新生的思想动态、发展诉求、成长需要作调研，做好选题规划。同时不断探索创新内容与形式，进一步完善该项目的制度建设和运行机制，实现"明日之星"讲坛运行常态化，提高学生自主参与率、上座率，从而提高学生自我教育的能力。

（三）加强制度常态化长效化，形成育人体系

"明日之星"讲坛作为组织育人、榜样育人的载体，牢牢把握育人初心，努力探索完善相关制度体系，通过组建学生团队收集、整理项目材料汇编成册，供学生自主学习；加强科学研究，申报相关课题项目，撰写有关论文或研究报告；形成朋辈育人良性可持续发展机制，形成学院特色项目品牌，不断提高朋辈教育实效。

三、工作思考和建议

"明日之星"讲坛是探索新时期大学生思想政治教育工作的新模式，以大学生朋辈教育为切入点，通过在校生、优秀校友组成的朋辈教育队伍，搭建朋辈教育平台，开展朋辈教育活动，发挥青年学生自我教育、自我管理、自我服务、自我监督的作用，营造"传帮带""赶帮超"的良好氛围。

（一）创新了思想教育模式

"明日之星"讲坛迎合了学生需求，发挥了思想引领作用，各大主题篇顺应了大学成长轨迹、切中了学生需求且有可操作性，找准了学生的关注点和工作的切入点，培育和践行了社会主义核心价值观，帮助学生树立正确的世界观、人生观、价值观。通过"明日之星"讲坛既能让学生知道身边的优秀学生事迹，又能让不同层次的学生体验到成功的乐趣，激发学生的奋斗精神，鼓励学生为站上"明日之星"讲坛而努力。

（二）发挥了学生主体作用

"明日之星"讲坛从多个角度充分发挥学生主体作用，讲什么、如何讲由"主

讲明星"自主决定,可以是充满正能量的娓娓道来,也可以是学生时代的遗憾和磨难经历,达到了朋辈之间平等互动的良好沟通效果,充分尊重了学生的个性和需求。

(三)激励了学生自我加压

通过形式多样、内容多样、人员多样的系列讲坛,很好地起到了激励普通学生自我加压、互相赶超的作用,很多学生陆续发现榜样就在身边,开始反思自己与朋辈之间的差距,也在优秀校友突出业绩的激励下自我加压、树立目标,提高了学生创先争优的积极性和主动性。学生之间也开始有互相监督学习的氛围出现,大大提高了学生的学习效率,"有问题一起解决"的学习氛围正在学生之中慢慢增强,"赶帮超"氛围日益浓厚。

(四)搭建了校友互动平台

优秀校友精彩的分享,不仅起到了榜样引领的作用,也更好地搭建了优秀校友与在校生的互动平台,很好地发挥了优秀校友的"传帮带"作用,由此也带动了在校生的就业热情,提高了就业率。在校生通过"明日之星"讲坛与优秀校友建立起密切的联系,从优秀校友的身上不仅可以学习到在校期间应该如何变得更优秀,又可以了解到毕业后就业创业的成功经验和经历。

两大课堂两张皮，"双E"模式来解题

易修政

为认真贯彻落实全员、全过程、全方位育人要求，培养高水平的创新人才，需立足学科特点，围绕立德树人根本任务，以人才培养实际需求为核心，以改革课堂培养模式为重点，通过加强第二课堂科学化建设，全面推动第一、第二课堂在形式、内容、师资等方面互通、互补、互融，探索两个课堂协同合力育人新路径，帮助学生在实践中逐步掌握提出问题、解决问题的方法，提高其创新实践能力。

思政课是高校思政教育的重要一环，关系到高校培养什么样的人、如何培养人以及为谁培养人这个根本问题。本案例以思政课"思想道德与法治"作为切入点，以拔尖创新人才试点培育计划的学生作为学情对象，探讨在育人过程中如何有效发挥第一、第二课堂的协同育人功效，从而提升思政课堂教学效果，多维度培养学生能力。

一、案例介绍

"双E"教学模式中的"E"是英文单词explore，第一个"E"是指"课前问题探讨"，主要目的是激发学生的自主学习能力和问题辨析、判断能力，考查学生的合作意识及表达力。由学生以小组方式自主探讨时事案例，在课堂中以"新闻播报"的形式为载体，充分发挥学生在第二课堂所学，分享内容包含时事内容提要、网络观点辨析、小组观点分享等。小组分享后，由其他学生进行自由观点输出，针对小组的时事内容、观点等发表自己的看法。第二个"E"是指"课后实践探索"，将"课后实践探索"的教育效果长效化，课上课下让学生得到教育。第二课堂的"课后实践探索"包括常规实践和重点实践，常规实践包含在课程考核中，内容有书籍阅读、影视作品观看、"红色走读"、演讲比赛等，实践内容多维度全覆盖；重点实践则是择优挑选学生，以团队模式参与全国性思政类赛事，以教育部"'我心中的思政课'——全国高校大学生微电影展示活动"为主，更进一步培养学生知识理论转化为实践的能力。

二、案例分析处理

"思想道德与法治"作为学生在大一入校时接受的第一门思政类课程，更需要适应时代新形势、新特点、新要求。因此"思想道德与法治"课程教学模式的创新，是伴随着时代和实践的变化而不断变化的，是时代的应有之义，也是教学的本质要求。"双E"教学模式在课堂中的使用，对课堂时间规划、教学体系、师生关系等都提出了新的要求。

（一）创新分配"E-课前探讨"的教学时间

课堂八十分钟时间分成四部分，即十五分钟"新闻播报"、五分钟自由探讨、十分钟教师总结、五十分钟专题授课。其中教师总结既需要结合小组案例，又需要结合课程专题内容，这就要求教师对教材熟练把握，且重新规划教学体系，将原有的教材打破，结合学生案例实施模块化教学。该门课程的教材内容为绪论加六个章节，根据教学实际，整合为五大模块，即新时代与人生（十课时）、新时代与思想（十课时）、新时代与道德（十课时）、新时代与法治（十课时）和思政实践（八课时）。

（二）立足"双E"教学模式加强教学设计

"双E"教学模式是一种以学生为主题的分享式课堂，教学体系的逻辑连线是分享。通过分享，有效构建理论、实践、网络的立体结构，融通网络、课堂、比赛三大环节，分享的主体主要是学生，可以充分发挥学生的主观能动性，提高学生的参与度。

（三）运用混合式教学，融通课前、课中、课后环节，有效打通第一、第二课堂

"双E"教学模式是以课前、课后为双核心，实现课前、课中、课后师生互动，线上线下联动。教学时间和空间不再局限于课堂内，通过云端，把教学延展到课前的预习与任务分配、课后任务的组织实施，形成课前、课中、课后完整链条，结合相应的社会资源，把教学内容扩展到学生的日常学习生活。

（四）融入校友资源，激发学生兴趣

单纯的文字案例或者常规的视频案例很难能引起学生兴趣，特别是针对拔尖创新人才的培养中，朋辈力量是非常强大的，课程中适当引入优秀校友资源，结合课程内容和知识点，以校友的故事现身说法，起到激励学生的作用。

（五）实施全过程考核，注重学生参与

"双E"教学模式凸显学生主体性，注重学生参与度，有效发挥第二课堂的育人功效，实施全过程考核。学生平时表现、课堂参与、实践活动参与都按比例折

合成相应的分值,期末总评由平时成绩(70%)和实践(30%)组成,其中实践成绩不满 55 分(百分制)则总评也为不合格。思政课重行动,一言一行都是学生个人素养的集中体现,特别是针对创新拔尖人才培养,学生日常言行在平时成绩考核中显得尤为重要。

(六)择优组团队,长效梯队培养

通过一个学期课程了解后,由教师选拔出优秀学生,组成团队参加全国、全省思政类赛事。在团队中由学生自主承担剧本创作、导演编排、拍摄剪辑等工作。

实施"双 E"教学模式还要做到以下几点。

一是牢牢把握第一课堂主渠道,提高学生系统掌握知识的能力。依据学生具体事实感知能力强的特征,以社会发展中实实在在的事实为切入口,引导大学生系统掌握理论,形成体系化的思考与知识,提升把握社会发展规律的逻辑能力。

二是持续发挥第二课堂育人功效,培养学生实践能力。抓住学生关注的热点,利用第二课堂拓展课外实践渠道,提升学生的学习能力与实践能力,在知行合一中提升思政教育的实效性,实现全过程、全方位育人。

三是有效促进两大课堂深度融合,进一步开拓教学广度和深度。顺应"00 后"大学生特点,调动学生参与课堂和课外实践的主动性,不断推进第二课堂建设,促进学生与第一课堂的互动,让思想政治教育"真管用",增强思想政治理论课的吸引力,提高教学质量。

三、工作思考和建议

课程是培养人才的基础,"思想道德与法治"课程"双 E"教学模式注重对学生思想引领以及必备品格、关键能力的培养,强调宽厚基础、扎实能力,高起点、高标准、高要求设置课程和培养环节,突出学习的高阶性、创新性和挑战性,注重培养学生正确的情感、态度、价值观以及综合运用所学知识论证阐释、分析评价、探究并解决问题的能力,让学生明白高质量的学习不应只关注所获取的知识本身,更重要的是获取知识的方法和过程。

第二课堂成绩单，记录学生成长轨迹

李芳源

实施"第二课堂成绩单"制度是推动高校思想政治工作改革、创新教育制度的积极举措，是全面落实立德树人根本任务、实施素质教育的必然要求，是深化高校共青团改革、强化育人职能和组织建设的关键路径，是完善学生发展服务体系、提升素质素养、促进就业创业的迫切需要。本案例聚焦某高校第二课堂建设，以促进学生全面发展为原则，依托信息化服务平台，积极探索"第二课堂成绩单"制度建设路径。

一、案例介绍

本案例充分促进第一课堂、第二课堂的渗透融汇，打造了德智体美劳"五育"并举的第二课堂育人体系，设置了"明德立志""勤学创新""笃行慎思""通文达礼""磨形炼性""惟实励新"六大第二课堂评价模块，依托信息化服务平台将"第二课堂成绩单"记录、审批、反馈全过程规范化、制度化、信息化、可视化，完整、翔实记录和评价学生在校就读期间参与活动的经历和成果，并归入学生档案。重点关注学生的思想成长、行为养成、人格塑造和实践锻炼，有效实现了第二课堂育人目标，帮助辅导员用大数据给学生精准"画像"，为学生综合素质评价、职业生涯规划提供重要参考依据。

二、案例分析处理

"第二课堂成绩单"制度充分借鉴了第一课堂教学育人机理和工作体系,整体设计工作内容、项目供给、评价机制和运行模式,实现思想政治引领、素质拓展提升、社会实践锻炼、志愿服务公益和自我管理服务等第二课堂活动的科学化、系统化、制度化、规范化,实现学生参与第二课堂可记录、可评价、可测量、可呈现。

(一)聚焦顶层设计全员覆盖,科学建构评价体系

围绕人才培养目标,建构由明德立志、勤学创新、笃行慎思、通文达礼、磨形炼性和惟实励新六个模块构成的"5+1"第二课堂评价体系,并纳入学分管理,学生累计达到评价标准后方可毕业。其中,各模块均设置了必修和选修环节,选修环节学分可以互通互换,满足学生个性化发展需求。

明德立志,树立以德为先风向标。此模块旨在培养学生具有较强的政治素养、家国情怀和社会责任感,强调过程考核。主要记录学生自觉践行社会主义核心价值观,自觉服从国家和集体利益;积极向党组织靠拢;参加志愿服务;见义勇为、助人为乐;参加校院主题教育及重大集体活动;遵守日常学习生活行为规范等经历和情况,引导学生树立远大志向,心怀感恩,积极回报社会。

勤学创新,打造科技创新助推器。此模块旨在培养学生较强的思辨意识、自学能力和创新实践能力,不断完善自身知识结构,把握行业科技发展态势。结合校院学生创新基地和学生课外学术科技活动管理相关要求,通过开展"创新创业之路"主题活动积极鼓励学生参加创新创业系列赛事,记录校内外导师对学生创新实践过程的综合评价、参加各类学术科技与创新创业活动的经历和情况。

笃行慎思,画好协同育人同心圆。此模块旨在培养学生较强的系统思维,组织协调、管理领导、人际交往能力,团队协作意识和社会工作能力。充分调动校内外协同育人合力,多部门协调配合为学生打造实践平台,借助"过程考核+成果考核"引导学生走出学校,将青春书写在祖国大地上。主要记录学生参加社会调查、主题调研、支教、寒暑期社会实践、返乡宣讲等实践活动的经历和情况,为学生创造参与挂职锻炼、跟班学习、兼职、实习实践等机会,组织学生参加国内外学习交流活动,拓宽视野。

通文达礼,强化人文素养薄弱点。此模块旨在培养学生较高的人文素养,激

发课外阅读兴趣,提升语言表达和沟通交流能力,启发学生自主学习、独立思考。主要记录学生参加名家论坛或高质量讲座和语言表达类活动,独立在校院学术沙龙上完成汇报,在各级媒体发表文章、稿件或著作等经历和情况,促使学生每学期完成定量的课外阅读,并根据阅读报告评定等级记录对应分值。

磨形炼性,激活体美劳育新能量。此模块旨在培养学生健康的体魄、顽强的意志、较高的审美情趣、正确的劳动价值观和良好的劳动品质,使学生具有强健的身心素质和较高的劳动素养。主要记录学生参加课外体育锻炼、体能测试、越野拉练、日常锻炼及各级体育竞赛活动,参加校院组织的各种课外活动、文体竞赛、文艺表演、艺术展览、文艺汇演、文艺创作、劳动教育课程综合评价、课程各环节的具体表现、参加劳动教育相关实践活动等经历和情况。

惟实励新,鼓励争先冒尖做示范。此模块旨在激发学生自强不息、敢闯会创、创先争优的意识。主要记录学生获得各级"青年五四奖章""大学生年度人物(最美大学生)""自强之星""优秀共青团员(干)"等各类荣誉称号,以及集体获各级"五四红旗团支部""先进班集体"等荣誉的经历和情况,属于第二课堂成绩评价中的附加模块。该模块评价与上述各评价模块互通,可以按不同标准兑换相应模块的分值。

(二)聚焦统筹实施全程护航,有效加强服务管理

一是优化数据平台。配套设计开发了数据管理平台以推进"第二课堂成绩单"制度改革,对照制度设计对学分申请录入、学分审核、成绩单生成全流程进行了优化,实现了学生参加第二课堂活动的记录和赋分信息化,大大减少了基层组织学分记录和审核的工作量。**二是简化认定流程。**根据《深化高校共青团"第二课堂成绩单"制度工作指引》要求,全面简化活动的审批流程。学生通过选择模块、录入信息、提交证明材料后可直接录入学分申请,管理员通过管理账号进行审批,省去了学生填写纸质申请表与班干信息统计的工作流程。**三是强化管理队伍。**成立学院第二课堂评审小组,由分管学生工作院领导、辅导员(班主任)、班(团)委及学生代表构成,负责组织静态评议、审核证明材料与审批线上申请,保障"第二课堂成绩单"制度的组织实施。

(三)聚焦育人实效全方位辐射,创新拓展结果运用

一是管理动态化。结合学生成长特点科学评估第二课堂育人成效,动态调整第二课堂内容结构,进而不断完善与改进,为创新思政工作方法提供有效参

考。**二是评价可视化。**充分运用互联网和大数据等信息化手段对学生参与第二课堂情况进行记录和分析,按学期或学年反馈结果,形成完整的"第二课堂成绩单",清晰描绘学生的成长轨迹。**三是应用立体化。**通过"第二课堂成绩单"实时记录学生第二课堂学习经历情况,一方面为完善学生综合评价提供重要参考和依据,另一方面通过对第二课堂翔实全面的记录,更好地展示学生综合素质,提升就业实力。

三、工作思考和建议

在深化"三全育人"综合改革大背景下,围绕青年大学生德智体美劳全面发展的目标,高校第二课堂育人工作任重而道远。第二课堂在教学内容上突破了教材书本的限制,在教学方式上打破了时间、空间的约束,是培养青年大学生成长成才的重要渠道。应当深入挖掘育人内涵和育人潜力,充分发挥第二课堂的育人价值,不断创新工作机制,提升育人实效,促进第一课堂和第二课堂深度融合,形成相辅相成的人才培养模式,形成多维度、齐协同的育人工作合力。

本书的编写由江西省首批高校辅导员"名师工作室"——王冰雪工作室组织安排,凝聚了全省多所高校辅导员和思政工作者的经验,编写过程中得到了多位辅导员和学生工作一线骨干的热情关心和大力支持。

本书主编由王冰雪担任,副主编由王巍、李雪峰、常玉凤担任,参与编辑审校人员及分工如下:第一篇章由汤烨负责;第二篇章由陈莹莹负责;第三篇章由程丹红负责;第四篇章由刘佳负责;第五篇章由金小江负责;第六篇章由严荷君负责;第七篇章由周慕川负责。

工作室成员刘一南、常玉凤、严荷君、刘佳、陈莹莹、汤烨、程丹红、范琳等同志在本书设计编排、拟定框架、内容审校等方面,做了大量工作,提出许多宝贵的意见建议。在此,一并向所有帮助过本书的出版单位、学生工作战线的同人、同学,表示最诚挚的感谢!

由于水平有限,加上时间比较仓促,书中难免有疏漏和不妥之处,敬请批评指正。

编者

2024 年 2 月